吉林省中小学阅读委员会

U0508213

跟唐诗宋词学写作

孙立权　姜士冬 ◎ 著

55 个写作技巧，55 首诗（词），55 篇优秀作品，55 篇写作技巧小练笔，让写作成为可能，让写作成为中小学生的学科优势。

| 初中 | 小学 | 写作常备

吉林人民出版社

图书在版编目（CIP）数据

跟唐诗宋词学写作 / 孙立权, 姜士冬著. -- 长春：
吉林人民出版社, 2021.12
ISBN 978-7-206-18842-8

Ⅰ.①跟… Ⅱ.①孙… ②姜… Ⅲ.①作文课—中学
—教学参考资料 Ⅳ.①G634.343

中国版本图书馆CIP数据核字（2021）第255608号

跟唐诗宋词学写作

GEN TANGSHI SONGCI XUE XIEZUO

著　　者：孙立权　姜士冬
责任编辑：孟广霞　　　　　　　　　　　封面设计：赵敬乔
出版发行：吉林人民出版社（长春市人民大街7548号 邮政编码：130022）
咨询电话：0431-85378007
印　　刷：吉林省极限印务有限公司
开　　本：787mm×1092mm　1/16
印　　张：12　　　　　　　　　　　　　字　　数：200千字
标准书号：ISBN 978-7-206-18842-8
版　　次：2021年12月第1版　　　　　　印　　次：2021年12月第1次印刷
定　　价：45.00元

　　《跟唐诗宋词学写作》一书,共列举了55个写作技巧,共选取了55首诗词,均为中小学生常用的古典诗词。又创作了55篇优秀范文,可供学生参考创作。

　　众所周知,在中国的文学史上,唐诗和宋词取得了极高的文学成就,占据着极高的历史地位,对现今仍有不可磨灭的影响。作为中国优秀的传统文化,我们理应继承和发扬。我们也能从中学到很多知识,其中就包括如何写作。

　　本书所选的55首诗词中,每一首都归属于一种写作技巧,而学习写作的本身,往往就是学习这些写作技巧。通过对写作技巧的灵活掌控和运用,我们的作文就会增色很多。

　　通过阅读《跟唐诗宋词学写作》一书,我们不仅能学到写作技巧,还能了解诗词、诗(词)人的生平简介、诗词所要表达的内容与情感等,这是一举多得的事情。同时,我们能欣赏到55篇优秀的作品,这些作品并不是由学生创作,而是本书的作者为学生创作的。相对来说,作品会更加成熟,对写作技巧的运用也会更加娴熟。当我们阅读之后,便会发现书中有充满奇思妙想的童话,有温暖动人的小说,有真情实感的散文。

　　本书还有一大特色,就是有一个写作技巧小练笔的部分,学会了该写作技巧后,会有一个特定的主题,让学生进行写作小练笔。实打实地训练,实打实地提升学生的写作能力。

　　当然,我们要有对写作的热忱,并有坚持不懈地去创作的精神。趁着年少青春,去充实自己。

　　希望同学们都能在阅读本书中,有所收获,热爱写作,热爱古典诗词。最后,希望大家都能快乐成长,与文相伴!

目　录

1.跟唐诗宋词学夸张手法

模仿范本

江城子①

宋·秦观

西城杨柳弄春柔②,动离忧③,泪难收。犹记多情④,曾为系归舟⑤。碧野朱桥当日事,人不见,水空流。

韶华不为少年留⑥,恨悠悠,几时休?飞絮落花时候⑦,一登楼。便作春江都是泪,流不尽,许多愁。

❧ **作者简介**

秦观(1049－1100),字少游,一字太虚,别号邗沟居士。北宋婉约派词人,被尊为婉约派一代词宗、儒客大家,学者称其为淮海居士。所写诗词高古沉重,寄托身世,感人至深。擅长议论,兼有诗、词、文赋和书法等多方面的艺术才能,尤其以婉约之词驰名于世。

❧ **注释**

①江城子:词牌名,又名《江神子》《村意远》。

②弄春:春日弄姿。

③离忧:离别的忧思;离人的忧伤。

④多情:指钟情的人。

⑤归舟:返航的船。

⑥韶华:美好的时光,常指春光。

⑦飞絮:飘飞的柳絮。

❧ **译文**

西城的杨柳迎着春日的春风摆动,使我想起离别时的忧伤,眼泪很难收回。还记得当年你为我拴着归来的小舟。绿色的原野,红色的桥,是我们当时离别的情形。而如今你已不在,只有江水孤独地流淌着。

美好的青春不为少年停留,离别的苦恨,何时才能到头?飘飞的柳絮,落花满地的时候,我登上楼台。即使江水都化作了泪水,也流不尽,依然有愁苦还在心头。

写作技巧妙梳理

夸张,是为了达到某种表达效果的需要,对事物的形象、特征、作用以及程度等方面特意夸大或缩小的修辞方式。夸张是运用丰富的想象力,在客观现实的基础上有目的地放大或缩小事物的形象特征,以增强表达效果的一种修辞手法,也叫夸饰或铺张。目的是启发读者或听者的想象力和加强所说的话的力量,用夸大的词语来形容事物。

在《江城子》一词中,结尾一句就运用了夸张这一修辞手法。"便作春江都是泪,流不尽,许多愁。"将泪水夸大,即使江水都化作了泪水,也流不尽,依然有愁苦还在心头。词人运用这一修辞手法,目的就是要增强这份愁苦的表达效果。全词在清丽淡雅之中,包含着凄婉哀伤的情绪。读来,能感受到离愁的深长。最后一句,运用夸张,更是将这一悲伤的情感上升到了极致。

写作技巧小练笔——情景小剧场

亲爱的同学们,你们知道剪纸吗?剪纸是我国的非物质文化遗产,需要一代一代地传承下去。请大家写一段关于剪纸的文字吧,要运用刚才所学的夸张这一修辞手法哦。

提示

下面的"写作参考示例"最好不马上看,而是自己写完或思考后再看。(后面各部分都要这样哦!)

写作参考示例

剪纸奶奶

奶奶是十里八乡的名人,因为奶奶有一双会剪纸的巧手,别人也会剪纸,但剪得没有奶奶的好,会的样式也没有奶奶的多。不论谁家有喜事,都要请奶奶去剪"福"字,似乎只有奶奶剪的"福"字才能真的带来祝福。

后来,大家就称我的奶奶为"剪纸奶奶",奶奶的一生都在剪纸,是对得起这个称号的。奶奶爱笑,喜欢一边剪纸一边哼着充满快乐的小曲。

小时候的奶奶是不爱剪纸的,还是小姑娘时的奶奶是那么热爱音乐,奶奶就像百灵鸟一样，只要唱起歌来，就不知道疲倦。奶奶唱得也动听，听过奶奶唱歌的人都说好，只有太奶奶不说好，还会破口大骂。

太奶奶觉得唱歌是玩，玩是没有出息的，要让自己忙起来，比如剪纸，这才是值得叫好的事情。剪纸剪好后，可以拿到二十里地外的镇上去卖钱，卖的钱可以贴补家用。唱歌却是挣不来钱的，只要太奶奶听到奶奶唱歌，就一定会骂，奶奶被骂哭过许多回。听说奶奶的哭声很大，都传到村子外去了，村子附近的狼呀野猪呀，都被奶奶的哭声吓跑了。村里人听到了奶奶的哭声，就说，这一定又是被她妈妈骂了，这哭声，比鞭炮声还要响嘞！

奶奶开始学着剪纸了，小时候的奶奶就有剪纸的天赋，根本不用太奶奶教，自己就可以做得很好。太奶奶看着奶奶认真剪纸的样子，终于舒心地笑了，也没再骂过了。

奶奶的剪纸有很多形状花样，一部分是从太奶奶那里学过来的，一部分是自己反复琢磨出来的。奶奶的剪纸也好看，剪出的小人，就像真的人一样，会动也会笑。

村里人都夸奶奶说，就算是天那么大的纸，在奶奶的一双巧手中，也能剪出花样来。就算手指肚那么小的纸，在奶奶的一双巧手中，也能剪出花样来。

奶奶听到了，脸立刻害羞地红了起来，比天边的晚霞还要红，比树上的红苹果还要红。奶奶就快速跑开，跑回到家里，拿出自己剪的剪纸，反复看了看，也觉得很好看，要花样有花样，要精细有精细。

奶奶剪纸剪了一辈子，当奶奶年龄大了，眼睛花了，才不再剪纸了。但奶奶会耐心地教我剪纸，奶奶说，这是一种传承。我不知道传承是什么，但我喜欢剪纸，打心底里喜欢。

每次剪纸，我都觉得很快乐，这快乐有多长呢？比李白的"飞流直下三千尺"中的三千尺还要长吧，我觉得足足有九千尺那么长。虽然，快乐是不能被测量的。

写作参考示例点拨

通读全文，会发现本文多处运用了夸张的写作手法，比如说奶奶的哭声、奶奶剪纸的高超技术、奶奶害羞红着的脸，以及九千尺的快乐等。读来，会让我们感受到幽默，也更加相信了奶奶剪纸的高超技术。

2.跟唐诗宋词学对比手法

模仿范本

悯农①（其二）

唐·李绅

春种一粒粟②，秋收万颗子③。
四海无闲田④，农夫犹饿死⑤。

◈作者简介

李绅（772－846），字公垂。唐朝宰相、诗人。李绅与元稹、白居易交游甚密，是新乐府运动的参与者。著有《乐府新题》二十首。青年时期的李绅，目睹了农民终日劳作而不得温饱的现象，以同情和愤慨的心情写下了《悯农二首》。这两首诗流传甚广，千古传诵，李绅也因此被誉为"悯农诗人"。

◈注释

①悯：怜悯。
②粟：谷子。
③子：指粮食颗粒。
④四海：指普天下，全国。
⑤犹：还要。

◈译文

春天的时候播种下一粒种子，等到秋天就可以收获到很多粮食。全国没有一块不被耕种的田，但是种田的农民仍然会饿死。

写作技巧妙梳理

对比，就是把两件事情，或者是一件事情的两个方面安排在一起，进行对照比较，让读者在比较中辨别好坏、分清是非。对比可以给人鲜明的形象和强烈的感受。这种写作手法可以突出好与坏、美与丑、善与恶的对立，给读者以深刻的印象和启迪。在写作文的时候，运用对比的手法，可以增加作文的感染力和艺术效果。

在《悯农（其二）》一诗中，诗人便运用了对比的写作手法。诗中的前三句是在描写硕果累累的丰收景象，表现出了广大劳动人民的辛勤劳作和巨大贡献。但诗的最后一句，却体现出了劳动人民丰收后两手空空、惨遭饿死的现实。这形成了鲜明的对比，将社会现实的问题十分突出地表达出来，即农民受到了极其严重的压迫和无法承担的赋税。

写作技巧小练笔——情景小剧场

亲爱的同学们，如果你们有过在乡村生活的经历，那么在你们的眼里，乡村里的四季变化是怎样的呢？不如写一段关于乡村的文字吧，记得要用上我们刚刚从《悯农（其二）》一诗中学到的对比这个写作手法哦！

写作参考示例

院子里的童年

小时候，我家有两个院子。房后的院子用来种玉米，房前的院子用来种菜。房前的院子里还有两棵果树：一棵海棠树和一棵樱桃树。在果树旁还有一口水井，家里养了几头牛，水井里的人打给人喝，也给牛喝。夏天，如果接连许多天不下雨，还要打井水来浇院子。

母亲会把院子规划得很好，这一片种土豆，那两垄地种茄子、辣椒，这三垄地种豆角，还要架起豆角架。在墙角的地方种上甜秆，这是除了果树外，我最喜欢的东西了。吃甜秆的时候要特别小心，在扒甜秆的过程中，很容易划伤手。甜秆和甘蔗很像，但我小的时候却是没有吃过甘蔗的，还是我到城里求学的时候，才品尝到甘蔗的滋味。

当冬雪开始融化，小燕子站在电线上叽叽喳喳地叫起来，春天就来了。母亲和我便开始忙活起来，给院子翻土施肥（粪），再然后就是等待五月份时候播种。天气一天天地暖和起来，种子也发芽了，好奇地伸出了地面。看着秧苗一天天长大，果树的叶子也愈加绿起来。偶尔，会和父亲一起去山上放牛，有狗看着牛群，父亲很放心地躺在树下呼呼大睡。我有些不放心，便和狗一起看着牛群。山上已是一片绿意了，牛群低着头不停吃草，有几头停下来张望着别的地方，其实是在反刍。

院子里开满了花，土豆秧都开了一朵朵洁白的小花，引来了好几只白的、黄的蝴蝶。蝴蝶在院子里相互追逐,蜜蜂也嗡嗡嗡嗡地采蜜和传粉。如果下了一场雨,海棠树下就会落一地的海棠花瓣,凑近闻一闻,沁人心脾的芳香便会扑鼻而来。垄沟是暖暖的,我常脱掉鞋子,直接用小脚丫踩在垄沟里奔跑着捉蝴蝶。一不小心,就会踩到秧苗,但不用怕,几天后秧苗就会依靠自己的力量站立起来。院子里同时长了许多杂草,我会用铲子把杂草铲掉,然后拿去喂猪。看着院子里没有了杂草,就有很大的满足感,因为会受到母亲的夸奖!

再过一段时间,柿子就偷偷地熟了。有一次,看到母亲吃了一个绿色的柿子,我连忙让母亲吐出来,这柿子还没熟呢!母亲笑着说,这种柿子叫"贼不偷",它熟了也是绿色的。柿子熟了的同时,土豆也好了,挖土豆的时候感觉很神奇。种的时候,在一个坑里只放了一个土豆块,现在竟然会长出了五六个大土豆!有了土豆后,就会和同村的小孩去山上烤土豆吃,柴火烤得我们脸蛋红扑扑的。

最满足的时候,就是海棠和樱桃可以吃了的时候,樱桃先熟,海棠要慢一些,但海棠要比樱桃好吃很多。尤其是海棠的甜心,真是美味至极。秋天到了,房后院子里的玉米都掰了下来,房前院子里的菜基本也被吃光了。下雪的时候,冬天就来了。冬天一来,离年就近了,养了一年的猪也快被杀了吃肉。年三十的晚上,吃着饺子,我又长了一岁。院子里还有我堆的雪人。

就这样一年年长大,院子里的秧苗绿了又黄,果树开花结果,又凋谢。只有我,不停地长高。去城里求学后,便很少再回到农村。后来,父母把农村的房子卖掉了,我就再也没有回去过了。只是时常还会在梦里,梦到那个土房子,那个充满了我欢声笑语的院子。梦到一个男孩光着脚丫在垄沟里奔跑,追赶蝴蝶;梦到男孩大汗淋漓地用铲子铲草;梦到男孩在摘海棠的时候,不小心被虫子蜇伤,疼了好久。

这就是我的童年,它在房前的院子里,已经扎根发芽,已经硕果累累……

写作参考示例点拨

这是一篇多次运用了对比这一写作手法的范文,例如将甜秆和甘蔗进行对比,非常鲜明地体现出了小时候的生活是比较贫苦的。本文按照时间顺序,将春夏秋冬这四季变化,在房前的院子里统统体现了出来,这无形中又形成了一种对比,突出地表达了童年的生活是充满乐趣的。

3.跟唐诗宋词学开门见山手法

模仿范本

忆江南①（其一）

唐·白居易

江南好,风景旧曾谙②。

日出江花红胜火③,

春来江水绿如蓝④。

能不忆江南?

◉作者简介

白居易(772—846),字乐天,号香山居士,又号醉吟先生。杜甫之后,白居易是我国古代一位杰出的现实主义诗人,与元稹共同倡导新乐府运动,世称"元白"。白居易的诗歌题材广泛,形式多样,语言通俗易懂,有"诗魔"之称。他的成就主要表现在两个方面:一是政治讽刺诗;二是以《长恨歌》《琵琶行》为代表的长篇叙事诗。著有《白氏长庆集》七十一卷。

◉注释

①忆江南:唐代教坊曲名,原名《望江南》。

②谙(ān):熟悉。

③江花:江边的花朵,泛指江中的浪花。

④蓝:蓝草,叶子可用来制作青绿色染料。

◉译文

江南的风景多么好,美丽的风景曾经是那么的熟悉。太阳从江面升起,把江边的鲜花照得比火还要红,春天碧绿的江水绿得胜过蓝草。怎能叫人不怀念江南?

写作技巧妙梳理

所谓"开门见山"是一种比喻的说法,指的就是直截了当地切入主旨。开篇即点题,开篇即表明写作意图。将所要描述的主要人物或事件直截了当地提出来,紧扣标题,又引入正文。

"开门见山"开头法,也叫直接开头法,一般具有时间、地点、人物、事件中的几个要素。根据运动特点的不同,又可细分为:从时间入题、从介绍人物入题、围绕中心思想入题等。

在《忆江南(其一)》一诗中,便运用了开门见山的手法,直截了当地写出了江南好,江南的美景是那么美丽。直接切入正文,开始回忆江南。

写作技巧小练笔——情景小剧场

同学们,你们有喜欢的事物吗?比如说玩具、花草树木、鞋子等。我猜你们一定有,那么请写一段文字吧,把你们喜欢的一件事物说给我们听。对啦,记得要用上刚刚学到的开门见山的写作手法。

写作参考示例

与花相伴

我喜欢花,喜欢这个世界上所有的花,尽管有一些花我叫不上名字。能够与花相伴,于我而言是一件非常幸福的事情。

花朵是诗意的,看着它由含苞待放到落叶凋零,再到明年的继续盛开,花的诗意是刻到骨子里的。提及花,总会让我想到一片花园,花园里开着各种各样的花,它们自成天地,争奇斗艳,引来无数的蝴蝶在花园中飞舞,飞舞出一个完整的夏天。

我是自幼就喜欢花的,小时候住在农村,母亲在院子里空闲的地方,种满了花。那些花很顽强,不用你松土、施肥和浇水,它们也会快速地生长。

在你一不留神的时候,它们就悄然绽放了。红的、黄的、紫的、粉的,很多颜色混搭在一起,院子里霎时间就好看了起来。我是叫不出每一朵花的名字的,后来读了一些书,才知道了一些花的名字和花语,知道了花背后的故事。

花开了,院子里芳香起来,如果仔细地闻一闻,还会发觉这香味是各不相同的。蜜蜂忙着采蜜,蝴蝶不知是从谁家的院子里飞过来的,待了一小会儿,就飞走了。天气很热,母亲的茶壶里泡着花茶:菊花、茉莉、玫瑰。喝一杯花茶,闻一闻花香,童年就这样过去了。

后来,去了城里,城里到处都是高楼大厦,路面也都是光溜溜的柏油路。花是少了的,公园里还有一些花,但大多品种单一。我便开始喜欢逛早市,去那些卖花的摊位,如果遇到了一朵自己喜欢的花,那是一定要买回来的。如今,阳台上摆满了各种各样的花。闻一闻,有淡淡的童年的味道。

母亲喜欢收集花种,自然就喜欢那些能开花的花朵,而且是开得颜色很鲜艳的那种。我则更喜欢不开花的,如绿萝这类的。当花朵开始凋落,总会让我有些伤感,所以不开花,自然不会凋败。没有开始,自然不存在结束。看来,花的确能带来诗意。

隔几天浇浇水,隔一个月松松土、施施肥,花长势良好,心情也不由自主地好了起来。种花让我更加热爱生活,从种花中也学到了很多道理。不禁想到了我非常敬爱的女作家——宗璞,宗璞对花有很深的见解和热忱,她的书籍《紫藤萝瀑布》《花的话》等,我都是一读再读。尤其是她的散文集《二十四番花信》,表达出了她对花、对草、对生命的深刻又独特的见解。

其实,花就是大自然的代表。我们离不开花草树木,离不开大自然。就算身处城市之中,也要有花的陪伴。它们的颜色点缀着这个世界,让其更加绚丽多彩;花也在点缀着我们的内心世界,让其更加充盈和快乐。

做一个爱花的人,生命中就会充满着很多诗意。与花相伴的日子,日日都芳香。愿我们都能面朝大海,春暖花开。

写作参考示例点拨

本文开门见山,在开头就直截了当地写出了"我"对花的喜爱之情,并且紧扣标题,又奠定了全文的感情基调。通过开门见山这一手法,读者立刻心领神会,明白了作者所要表达的到底是什么。

4. 跟唐诗宋词学动静结合手法

模仿范本

鸟鸣涧

唐·王维

人闲桂花落①，夜静春山空②。

月出惊山鸟③，时鸣春涧中④。

◎作者简介

王维(701—761)，字摩诘，号摩诘居士。唐朝诗人、画家。其诗作多为边塞、山水、田园诗。前期诗歌情调昂扬，气势奔放，一些歌颂战斗、描写边塞风光的作品尤具特色。后致力于山水田园诗的创作，成为盛唐山水田园诗的代表诗人，与孟浩然合称"王孟"。因其诗多表达禅理，被后人称为"诗佛"。苏轼曾评价王维："味摩诘之诗，诗中有画；观摩诘之画，画中有诗。"今存诗 400 余首，有《王右丞集》。

◎注释

①人闲：指寂无人声人迹。

②春山：春日的山。空：空寂，空空荡荡。

③惊：惊动，扰乱。

④涧：山涧。

◎译文

在沉寂的山谷中，只有桂花在悄然飘落。宁静的夜色中春山是一片空寂。

月亮升起，月光惊动了山中的鸟，在春天的山涧里时而鸣叫。

写作技巧妙梳理

在写景物的时候，如果单独写动态或静态，通常不能给人留下深刻的印象。若能将动态描写和静态描写完美地结合起来，以静写动、以动衬静，那么将会成功塑造出栩栩如生的场景。

动静结合可以使文章显得生动活泼，给静态的事物以生命力，又给动态的事物以沉静,是一种很好的和谐统一的写作手法。

王维的这首《鸟鸣涧》,就是最好的动静结合的代表诗作。该诗主要是在写春山夜晚的沉寂宁静,而花落、月出、鸟鸣,都是动态的,却无不在体现着一种沉静。作者以动衬静的写法,将这首诗作上升了一个层次。

写作技巧小练笔——情景小剧场

亲爱的同学们,动静结合往往用于景物描写,那么你们是不是有对景物的细微观察呢? 请写一段描写景物的文字吧,不要忘记用上动静结合的写作手法哦。

写作参考示例

山的那边

初夏,暖暖的风将桃树枝吹出了嫩芽,又在时光老人的陪伴下,慢慢开出一朵朵粉色的花。桃花香,总会引来蜜蜂和蝴蝶。蜜蜂嗡嗡嗡地飞,却在静静地采蜜。这里真是太安静了,一片花瓣落到地上都能听得到响动。

那是一朵长在桃树最下面的桃花,大家都叫她"丫丫"。丫丫很想去山的那边看看,可是自己是一朵桃花,怎么可能离开自己的桃树呢?

她轻轻叹了一口气,刚好被一只蝴蝶听见了。

"丫丫,你怎么了?"

"我想去山的那边看看,你知道山的那边是什么样子的吗?"

蝴蝶轻轻地落到树枝上:"不用去了,我刚从山的那边回来,山的那边是一片稻田,稻田里的庄稼已经开花了,我这几天正忙着传粉呢!"

"原来山的那边是一片稻田。"丫丫心想。

小灰兔挎着篮子从山脚下走来,篮子里装满了胡萝卜。小灰兔有些累,就靠在桃树旁休息一小会儿。

"小灰兔,你知道山的那边是什么样子的吗?"一缕风吹过,丫丫略微晃动了一下。

小灰兔拿出篮子里的一根胡萝卜,啃了一口:"原来是丫丫呀,我刚从山的那边回来，山的那边是一个小村庄，每天中午的时候，每户人家的烟筒上都会有炊烟升起。村庄可热闹了。"

"原来山的那边是一个小村庄。"丫丫心想。

一朵蒲公英在空中飞舞着，当风渐渐弱下来的时候，蒲公英也慢慢往地上落。蒲公英正好落在了丫丫的桃树枝上，很轻很轻，没有发出任何响动来。

"蒲公英，你知道山的那边是什么样子的吗？"

蒲公英笑呵呵地说："我刚从山的那边飞过来了，当然知道了！山的那边有稻田、村庄，还有另一座山。山的那边有许多杨树和松树，还有很多友好的小动物……"一阵风刮了过来，蒲公英又飞回到了空中。

"丫丫，再见了，我又要去旅行了！"

丫丫好羡慕蒲公英啊，自己哪里也去不了，就连山的那边到底是什么样子的，都不知道。

有一天，一个骑着自行车的小男孩，途经这棵生长在道路旁边的桃树。桃花很香，小男孩忍不住闻了闻。

"可真香，而且这里可真安静。虽然有鸟在树上叽叽喳喳叫，有风呼呼地吹，有叶子在落，有蝴蝶在飞，但是却显得更加安静了。"小男孩喃喃自语，"这可真是个好地方，以后一定要常来这里。"

小男孩小心翼翼地折下了一根桃树枝，丫丫就在那根桃树枝上。小男孩将这根桃树枝插在自行车的车筐里，向山的那边骑去了。

丫丫开心地说："我终于要知道山的那边到底是什么样子的了！"

小男孩摁了摁车铃，丁零零的声音伴随着桃花的香味，来到了山的那边……

写作参考示例点拨

这是一篇类似于童话的小故事，文中的景物多处运用了动静结合的写作手法，以动衬静，使得这篇小故事非常活泼可爱，仿佛让读者身临其境。结尾处的留白，给人以美好的遐想空间。

5.跟唐诗宋词学用典手法

模仿范本

贺新郎·听琵琶①

宋·辛弃疾

凤尾龙香拨②。自开元霓裳曲罢③，几番风月？最苦浔阳江头客④，画舸亭亭待发⑤。记出塞、黄云堆雪。马上离愁三万里，望昭阳宫、殿孤鸿没⑥。弦解语，恨难说。

辽阳驿使音尘绝⑦。琐窗寒⑧、轻拢慢捻，泪珠盈睫。推手含情还却手，一抹《梁州》哀彻⑨。千古事，云飞烟灭。贺老定场无消息⑩，想沉香亭北繁华歇。弹到此，为呜咽。

作者简介

辛弃疾(1140—1207)，原字坦夫，后改字幼安，中年后别号稼轩居士。南宋官员、将领、豪放派词人。与苏轼合称"苏辛"，与李清照并称"济南二安"。有词集《稼轩长短句》等流传后世。

注释

①贺新郎：词牌名，又名《金缕曲》《贺新凉》。

②凤尾：凤尾琴。拨：弹拨。

③开元：是唐玄宗李隆基的年号。

④客：诗客、诗人。

⑤画舸(gě)：泛指华丽的船。亭亭：形容画船高挺秀丽。

⑥孤鸿：孤单的鸿雁。

⑦辽阳：在此泛指北方。

⑧琐窗：雕花或花格的窗户。

⑨《梁州》：曲名，即《凉州》，为唐代凉州一带的乐曲。

⑩贺老：指贺怀智，唐开元天宝年间善弹琵琶者。定场：即压场，是"压轴戏"。

◈译文

　　凤尾琴板上刻着凤尾，龙香柏木制作成弹拨。盛唐开元年间《霓裳羽衣曲》曾经是何等辉煌，但这一切都成了过眼云烟。最不幸的是浔阳江头的诗客，高挺秀丽的画船等待着出发，在江上倾听到了琵琶女的演奏。记得王昭君出塞之时，黄云弥漫看去就像茫茫白雪。当我离开故乡三千余里时，乐马上的琵琶声述说着无限的哀怨、离愁。我回头眺望昭阳的宫殿，只望见孤飞的大雁在天边渐渐消失。琴弦虽然懂得人间的情意，但多少幽恨却也无法向人述说。

　　征人去辽阳已经多年，如今什么音信都没有。佳人正在慢慢地弹着琵琶，表达着心中的郁结，她的泪水沾湿了长长的睫毛，她技艺超群，将《梁州》曲演奏得哀彻云霄，不过从头到尾全是哀音。千年的历史上的事，如同一场云飞烟灭。贺怀智老先生出来压场的事情再也听不到了，沉香亭北的繁华景象也不再有了。音乐弹到这里，就不免为之呜咽了。

写作技巧妙梳理

　　用典，即运用典故，是一种写作手法，常见于诗歌之中，引用古籍中的故事或词句。引用典故可以丰富地表达与之相关的内容和思想。如果典故用得适当合理，就可以起到很好的艺术表达效果。在诗歌中使用典故，既可使诗歌语言精练，又可增加内容的丰富性，增强表达效果的生动性和含蓄性，言简意赅、回味无穷。

　　在辛弃疾的这一首词中，就多次运用了典故。首先是引用了唐玄宗开元年间的《霓裳羽衣舞》，接着又引用了白居易的《琵琶行》中的诗句，以及昭君出塞、贺老弹琵琶等。词人所用典故中的事情，都与词人内心的情感和生活经历有极大的关联。虽然该词使用典故较多，但却运用得十分流转自如，言简意赅，令人回味无穷。

写作技巧小练笔——情景小剧场

　　亲爱的同学们，对于诗歌你们有怎样的认识和理解呢？你们是不是也喜欢诗歌，包括唐诗宋词和现代诗篇呢？请写一段文字吧，记录下你们与诗歌之间的故事，要记得用到刚刚所学的用典这一写作手法呀！

谈诗

　　诗歌是一束光，是一根拐杖，是一场救赎。诗歌有它自身的力量和启示。写诗是一件足够幸福的事。那一行行投注了感情的文字，在诗歌的意境中，仿若身临其境，仿若自己就是诗中的人，尝遍了悲欢离合。所以在这个浮躁的现代社会，诗歌会让我们安静下来。

　　在一个温暖的午后，翻阅一本诗集，读到了博尔赫斯的《我用什么才能留住你》，开头这样写道："我用什么才能留住你？我给你瘦落的街道、绝望的落日、荒郊的月亮。我给你一个久久地望着孤月的人的悲哀。"读后忍不住蹙眉，或许一个人最害怕的不是从未拥有，而是拥有之后又失去了的那种无力感。就像狄金森的《如果我不曾见过太阳》中写道："我本可以忍受黑暗，如果我不曾见过太阳。"所以我用什么才能留住你呢？给你所有，给你一个人的孤独和无助。

　　轻轻地吐一口气，再翻开一页，"浅水是喧哗的，深水是沉默的。"这是浪漫主义诗人雪莱的诗句。通过将浅水和深水的对比，借此表达出了一个道理：不要像"浅水"般喧哗，要像"深水"般沉默，要安静下来。前不久看了一部日本的纪录片《人生果实》，主人公津端英子说："风吹落枯叶，枯叶让土壤肥沃，肥沃的土壤滋养果实，果实缓慢而坚定地生长。"这就是遵从自然的生存准则。这部纪录片是以非常缓慢的速度呈现出来的，看过之后，内心也沉静了下来。在人与自然之间，我们都在缓慢而坚定地生长。

　　我喜欢读那些温暖的诗歌，每一句都能融化我的心，每一个字都是一剂良药。"世界让我遍体鳞伤，但伤口的地方长出了翅膀。"这是阿多尼斯的一句诗歌，很多人把这句诗奉为金科玉律。有人的地方就有苦难，自然也有幸福，要提醒自己去幸福。

　　诗歌永远都在那里，不论你是否过问，是否关心，诗歌都屹立在那里。它的形式可能会变化，从古体诗到新诗，但诗歌的价值不会变。诗歌是小众的，它不会成为大众的。很多人不能接受诗歌，是源于诗歌本身的晦涩，所以看似缺少很多趣味性。但小众也是好的，因为总会有真正热爱诗歌的人，在传承着诗歌创作。

　　平淡的日子里，诗歌是浪漫的产物。我每天至少要读一首诗，读不懂没关系，只管去读。读得多了，生活也就诗意了起来。风吹叶落，这再正常不过的事情，在我的眼里,却是那么浪漫和悲伤。叶子决定离开树的庇护,它听信了风的软语,于是义无反顾地选择了与风离去,就算最后风停叶落,就算最后是无法避免的分别,亦是无悔的。于是我会长久地望着某一事物,比如说会长久地抬头看天,看见两朵云聚散,它们聚在一起的时候,就消散得慢。这让我想到了陪伴。

诗歌是诗歌的本身,如同水是水的本身,大地是大地的本身。水是上善若水,大地是厚德载物,那诗歌是什么呢? 我不知道,只是一提及诗歌,我就心安。心安,是人在这个世界诗意的生长。

写作参考示例点拨

本文的前半部分大量地引用典故,即当代诗人的诗句,以及纪录片中的对话。增强了本文内容的丰富性,以及情感的充分表达。而后半部分着重抒情,体现出了"我"对诗歌的深深热爱。

6.跟唐诗宋词学反复手法

模仿范本

宋·陆游

　　红酥手,黄縢酒②,满城春色宫墙柳。东风恶③,欢情薄。一怀愁绪,几年离索④。错,错,错!

　　春如旧,人空瘦,泪痕红浥鲛绡透⑤。桃花落,闲池阁。山盟⑥虽在,锦书难托⑦。莫,莫,莫⑧!

◈作者简介

　　陆游(1125－1210),字务观,号放翁。南宋著名爱国诗人、文学家、史学家。是我国现有诗歌留存后世最多的人,在诗词上成就极高,又以其爱国热情对后世影响深远。著有《剑南诗稿》《渭南文集》《老学庵笔记》等。

◈注释

　　①钗头凤:词牌名,原名《撷芳词》。

　　②黄縢(téng)酒:即黄封酒,当时的官酒。

　　③东风:暗喻陆游的母亲。

　　④离索:离散。

　　⑤浥(yì):湿润。鲛(jiāo)绡(xiāo):神话传说鲛人所织的丝绢,后世用为手帕的别称。绡:生丝,生丝织物。

　　⑥山盟:盟誓如山,不可移易。

　　⑦锦书:写在锦上的书信。

　　⑧莫,莫,莫:表示无可奈何,只好作罢的意思。

◈译文

　　红润酥腻的手中,捧着盛满黄縢酒的杯子。满城都是春天的景色,你却像宫墙中的绿柳那般遥不可及了。春风多么可恶,情感被吹得那样稀薄。这杯酒像是一杯忧愁的情绪,离别几年来的生活十分萧索。错了,错了,错了!

美丽的春景依然如旧,只是人却在相思中日渐消瘦。用水洗尽脸上的胭脂红,却把薄绸的手帕全都湿透。桃花凋落,在寂静空旷的池塘楼阁上。永远要相爱的誓言还在,可是书信却再难交付给你。罢了,罢了,罢了!

写作技巧妙梳理

反复,即反复来回地咏叹,根据表达需要,有意地让一个句子或词语反复出现,可以强调语气,也可以用来表达强烈的情感。反复也可以使得诗文的格式整齐,充满语言的美感。

在《钗凤头》一词中,有两处运用了反复的写作手法,即"错,错,错"和"莫,莫,莫"。读起来,语气越来越重,起到了强调的作用,生动地体现出了词人极度后悔和最后的无可奈何,表达了一种极其强烈的悲伤的情感。

写作技巧小练笔——情景小剧场

同学们,你们幸福吗? 每天的生活是否会让你们很快乐,很甜蜜呢? 我希望你们可以一直地幸福下去,也希望你们可以写一段关于幸福的文字。当然,还是要用上刚才所学的反复手法哦。

写作参考示例

提醒幸福

提醒很重要吧,没有闹钟的提醒,就很容易赖床睡大觉;没有老师的提醒,就很容易将题做错;没有肚子咕咕叫的提醒,就会忙得忘记了吃饭。提醒,就是你可能忘掉了,提醒你再记起来。

提醒幸福,最好是在你孤单难过的时候,在你觉得这个世界没有光的时候。我会提醒你记得幸福,如同下雨天告诉你,马上就快雨停了,那时太阳会出来,彩虹也会出来。如何安慰一个人呢? 就是告诉他,其实,境况并没有糟糕,一切都被幸福紧紧包裹着。

什么是幸福呢？或许每个人的幸福都不相同,热爱艺术的人,能够从事艺术,那就很幸福;喜欢读书的人,有大量的书可以读,就会有满满的幸福。有健全的身体,能够四处走走,能够看得见这世间万物,能够听见种种的响动,这也是幸福。幸福看不见摸不着,但幸福是确确实实存在的。

知道满足,就是最大的幸福。无所求,得不到也不会难过,对现在的生活很满意,谁来谁去都是缘分一场。不会紧紧攥住,也不会轻易放手,按照自己的心意,随性洒脱。

如果你说自己不幸福,那只是你忘记了幸福。每一个人都是幸福的,不幸也是幸福的一部分,如同缺陷是完美的一部分。从来到这个世界开始,拥有生命的本身,即是幸福。尽管我们的身体会经历生老病死,但所有的经历都是宝贵的,会告诉我们珍惜。不幸,是一种难以接受的幸福,世事无常,所有的不幸都是在磨炼我们,教会我们更好地成长。不要被不幸打倒,没有一棵树不曾经历过大风,没有一条船不曾经历过大浪。

生活从不会一帆风顺,你所遇到的人,也不会都尽善尽美。每个人都有各自的伤心事,有无眠的夜晚,有柔柔的白月光。当你抬起头,让眼泪不掉下来的时候,一定要提醒幸福。若让眼泪溃不成军,爱你的人只会有决堤的哀伤。

要相信这世间美好与你环环相扣,因为船到桥头自然直。绝境又怎样？绝境依旧可以逢生,何况我们并不常常遇到绝境。所有的离开,都会以另一种方式归来,所有的困境,都可以化险为夷。你所要做的,就是与自己和解,就是悄悄提醒自己,要幸福！

"我要幸福,我要幸福,我要幸福！"每天起床后,都这样地提醒自己,你要幸福。生活就会在你不知不觉间,幸福起来。

写作参考示例点拨

本文的最后一段,可以明显地看出运用了反复手法。其实,文中第一段,"提醒"也算是一种重复,以及全文多次写到"幸福",这也是一种反复的写法。本文运用反复这种写作手法,强调了提醒幸福的重要性和幸福到底是什么。

7.跟唐诗宋词学卒章显志手法

模仿范本

花非花

唐·白居易

花非花,雾非雾①。夜半来,天明去。
来如春梦几多时②?去似朝云无觅处③。

◈注释

①花非花,雾非雾:说像花吧,不是花;说像雾吧,不是雾。

②来如:来的时候。几多:没有多少。

③朝云:此处借用楚襄王梦巫山神女的典故。

◈译文

像花而不是花,似雾而不是雾。

半夜时候到来,天明时候离去。

来时美好的春梦能有多少时间呢?

离去时又似清晨的云彩消散无处寻觅。

写作技巧妙梳理

卒章显志,也叫篇末点题,是指在文章结尾时,用一两句话来点明中心。"卒"是完毕,"志"是指文章的主题。正确地运用这种手法,可以增强文章的深刻性和感染力,能起到画龙点睛的艺术表达效果。

白居易的这首《花非花》中,最后两句就运用了这种手法。当我们看本诗的前几句时,会觉得不知所云,不知道作者要表达什么。但结尾点题,才使不可捉摸的本意显示出来,使得本诗空灵、淡雅和深邃。耐人寻味的同时,也给人一种朦胧的美。

同学们，你们喜欢旅游吗？在寒暑假的时候，出去游玩，可是一件不错的事情。写一段关于旅游的文字吧，记得用上刚学的卒章显志这一手法哦！

游长白山

长白山，那是一座怎么样的山呢？"千年积雪万年松，直指人间第一峰"应该就是最准确的回答吧！自小生活在北方的我，对长白山自然也有别样的情感。长白山上有很多自然景观：天池、地下森林、西坡、北坡，还有绿渊潭等。每一处风景都留存着我的身影，都有我对其浓浓的爱意。

热爱自然，热爱纯粹的生活。经过漫长的岁月，长白山在时光的积淀下，有了如今奇妙的壮观景象。在山上，可以肆意地呼吸，那里有大自然最纯净的空气。山上安静，偶有鸟鸣，或是小河淌水的声响。城市的喧闹与这里形成了鲜明的对比，忙忙碌碌的生活让我们疲惫不堪。当不堪重负的时候，就躲在长白山里，把自己放空与山水融为一体。缘来缘去，缘聚缘散，在亘古的历史中，长白山就在这里，你来便来，去便去。山无声，水无情，却留给了太多的游人以无声的慰藉。

如果你没有来过长白山，那一定要来一次。长白山于我而言，如同西藏——那个神圣的充满了信仰的布达拉宫，也如同成都和大理。每一座城市坐落在我的心里，与我的脉搏一起跳动。深夜无眠的时候，想想自己在长白山和西藏的日子，嘴角便会微微上扬，有说不出的欢喜。

天池让我看到了水的宽阔和清澈。是天空大还是海更大？妈妈看着天池，突然问我。我一时语塞，抬头看了看蓝天，又看了看天池。我回答，或许海更大吧！天空不也躺在海水里吗？而且海里还有那么多的生命，海比天空更有生命力。妈妈摇了摇头说，是天空大，海水总会碰到陆地，而天空却是一望无际的。你看这偌大的天池，不也被长白山包围了吗？我笑着说，是人的眼睛大，一切都在我们的眼里！

长白山上有很多树,甚至有很多上百年的古树。轻轻地抚摸着古树,仿若可以倾听到树的心声。有时候,靠在一棵古树上,闭上眼睛,就仿佛穿越回百年前。那时候,古树还是棵小树苗,还是明清时代,科技在那时并不发达。我们的环境还没有遭到极大的破坏,鲸和大象还可以自由地生活,企鹅和北极熊也不用怕冰山的融化,我们也可以慢慢地享受生活的乐趣。

长白山上盛产人参,我家经常买一些人参。父亲会用人参来泡酒,母亲会用人参来煲汤。当把暖暖的人参汤送进胃里,我们不仅感受到了母亲的爱,也感受到了长白山的温暖。长白山上还有很多动植物,以及珍贵的中草药。

天还未亮的时候,我便和父母驱车前往,再一次游历长白山。山脚下还有很多的美食,让人垂涎欲滴。每一次去长白山,都会拍很多照片,母亲会把照片洗出来,挂在墙上。每当家里来客人的时候,母亲也会带客人去长白山游玩。母亲是看不够这些风景的,母亲说,每一年,长白山的风景都不尽相同。

夏天的时候,长白山简直就是避暑胜地,也是自然风景最美的时节。六月的长白山开始退去寒意,展露出夏的颜色。七八月的时候,鸢尾花便盛开了。九月的长白山秋高气爽,漫山遍野的山林更早地展露出秋的色彩。而冬天的时候,长白山就会被厚厚的积雪覆盖,如果这时候来长白山,可要多穿一些衣服了。

什么是旅游呢?到一个新的地方,看到了那个地方的美景,也吃到了那个地方的美食,更领略了那个地方的风土人情。出去走走,将视野打开,你会看到,也会懂得许多新奇的东西,不只是风景。

写作参考示例点拨

这是一篇关于旅游的文章,主要介绍了长白山上的美景,同时表达了"我"对长白山的热爱。最后一段卒章显志,点明了本文的主题,即旅游是将视野打开,去观看和懂得风景,以及风景之外的东西。

8.跟唐诗宋词学首尾呼应手法

模仿范本

唐·王维

风劲角弓鸣①,将军猎渭城。

草枯鹰眼疾,雪尽马蹄轻。

忽过新丰市,还归细柳营。

回看射雕处②,千里暮云平。

◎注释

①角弓:以角为装饰的硬弓。鸣:弓硬弦紧,拉弓时发出脆响。

②雕:猛禽。

◎译文

角弓上的箭射了出去,弦声和着强风发出脆响。将军和士兵的猎骑,飞驰在渭城的近郊。

枯萎的野草,遮挡不住尖锐的鹰眼。积雪融化,飞驰的马蹄更加轻盈。

转眼间,猎骑穿过了新丰市,驻马时,已经回到细柳营。

凯旋时回头一望,那打猎猛禽的地方。千里无垠,暮云笼罩,原野是一片静悄悄。

写作技巧妙梳理

首尾呼应,也就是开头与结尾互相照应,是一种写作手法,也可称为对照。首尾呼应可以使得文脉相通,也可以让文章变得更加深刻,使内容更加完整。同时,也可以使得结构看起来更加紧密、严谨和明确。运用这一手法,可以加深印象,也可以引起读者强烈的共鸣。

在本诗中,开头两句,即描绘出了打猎的场景。也能看出这是一首写将军狩猎的诗,内容虽然简单明了,但写得奔放潇洒、激情四溢。在结尾处,作者运用了"回望"这两个字,立即起到了首尾呼应的表达效果,又点出了这是一个狩猎的场景。首尾不仅彼此呼应,而且互为对照。全诗气象开阔雄壮,博大浑茫,章句、字法俱精,堪当盛唐佳作。

写作技巧小练笔——情景小剧场

同学们,你们的家乡有什么美食吗?只要一提到这道美食,你们就会止不住地流口水。不妨写一段关于家乡美食的文字吧,记得要用上刚刚从《观猎》一诗中所学到的首尾呼应这个写作手法。

写作参考示例

铁锅炖大鹅

我喜欢吃外婆做的铁锅炖大鹅,喜欢看外婆在锅沿边忙碌的样子。后来,我又喜欢吃外公做的铁锅炖大鹅,喜欢看外公在锅沿边忙碌的样子。一样的做法,一样的亲情的滋味。

大鹅在东北的农村,几乎是家家都要养的。冬天是不杀大鹅的,因为冬天是大鹅养膘的季节。等到开春,万物复苏,大鹅也肥胖了许多。

在我儿时的记忆里,外公家每年都要养十多只大鹅。外公家的亲戚多,走亲访友的,送一只大鹅可是一份厚礼。每到寒暑假,我到外公家的时候,外婆都会杀一只大鹅,做一道铁锅炖大鹅的佳肴。

我喜欢围在灶台边,看外婆忙碌着做饭。杀大鹅的工作要外公来,外婆会趁此机会烧一锅开水,给大鹅"秃噜"毛用。外婆会把鹅毛都仔细拔掉,然后切成均等的块儿，放进铁锅里，加入自家的井水，大火烧开，撇去浮沫。

然后焯水将鹅肉捞出，锅中热油，下姜蒜炒香。放入八角、草果、良姜、白芷、干辣椒，小火炒香，再加十三香翻炒。倒入盐和酱油不停翻炒，炒干倒入啤酒，加入老抽调色。之后，就是盖上锅盖用大火烧开，再用小火慢炖。烧火的工作也是外公的，外婆另有事做。

外婆不慌不慌地揉起玉米面来，在揉面的过程中，还会加一些白糖和碾碎的黄豆。所以外婆做出的大饼子很甜、很好吃。面揉好后，外婆会抓出巴掌大的面团贴在铁锅上，沿着鹅肉贴上一圈大饼子。当鹅肉炖好的时候，大饼子也就熟透了。

只有农村的大铁锅，才能做出正宗的铁锅炖大鹅。也许是秸秆和木柴燃烧时，释放出来的味道。也许是那一口大铁锅，又或者是外婆高超的厨艺，才做出了如此美味的佳肴。后来，我在城市定居，母亲也常会炖大鹅，但味道总不是儿时吃的那种味道。

外婆已经离世快五年了。外婆走后，外公的笑容就少了。外公家里每年还会养十几只大鹅，外公悉心喂养，大鹅都肥壮得很。每次外公来我家的时候，都会用袋子装两只大鹅。

现在，我去外公家，仍会吃到铁锅炖大鹅，只不过做饭的人换成了我的外公。我喜欢围在灶台边，看外公忙碌的样子。看他笨拙地把鹅肉切成大小不一的块状，看他焯水捞出鹅肉，看他锅中热油，加入姜蒜爆香……

写作参考示例点拨

本文首尾呼应，开头与结尾做到了互相照应，使得本文的内容更加完整和丰富。让读者可以直观地感受到一种家乡食物的美味，一种亲情的别样温暖。

9.跟唐诗宋词学比喻手法

模仿范本

唐·白居易

一道残阳铺水中,半江瑟瑟半江红②。

可怜九月初三夜,露似真珠月似弓③。

注释

①暮江吟:黄昏时分在江边所作的诗。吟,古代诗歌的一种形式。

②瑟瑟:宝石名,此指碧色。

③真珠:即珍珠。月似弓:农历九月初三,上弦月如同弯弓。

译文

傍晚,一道夕阳柔和地铺在江水之上,半江碧绿半江艳红。

最可爱的是在那九月初三的夜晚,露珠就像珍珠一样,一弯新月如同一张弯弓。

写作技巧妙梳理

比喻,即是用跟甲事物有某种相似之处的乙事物来说明甲事物。比喻一般包括本体(被比喻的事物)、喻体(做比喻的事物)和比喻词(连接本体和喻体的词语)三个部分。著名文学理论家乔纳森·卡勒为比喻下的定义:比喻是认知的一种基本方式,通过把一种事物看成另一种事物而认识了它。也就是说找到甲事物和乙事物的共同点,发现甲事物暗含在乙事物身上不为人所熟知的特征,而对甲事物有一个不同于往常的重新的认识。

在本诗中,最后一句"露似真珠月似弓"便运用了比喻的修辞手法,将露珠比喻成珍珠,将月亮比喻成弯弓。使得描写的景物更加形象化,富有很强的感染力,并给人丰富的想象空间,也使得语言更加简练、明快。

写作技巧小练笔——情景小剧场

同学们,闲暇的时候,你们会和家长一起去动物园吗?你觉得生活在动物园里的动物快乐,还是生活在野外的动物更快乐呢?请写一段关于动物园的文字吧,记得要运用到比喻这个写作手法哦。

写作参考示例

回到动物园

象宝宝是一个淘气的小家伙,动物园可关不住他。象宝宝和自己的象妈妈从动物园里逃出来的时候,动物饲养员正在呼呼大睡呢!

"妈妈,这里就是大草原吗?可比动物园大多了!"象宝宝挥了挥长长的鼻子,像是在和大草原挥手打招呼。

象妈妈走在象宝宝的身旁,用长长的象鼻轻轻地拍打着象宝宝的头:"这里就是大草原——我小时候生活的地方。"

象宝宝尽情地在草地上打滚、奔跑,玩得累了、渴了,就到附近的小河边去喝水。象宝宝还没有完全学会怎么用鼻子喝水,就趴在河边,用嘴喝起水来。象宝宝快要喝饱的时候,象妈妈才赶过来。

"我之前不是教过你要用鼻子喝水吗?大象都是要用鼻子喝水的。"象妈妈继续说,"我再给你做一次示范,你好好看着。"

象妈妈用鼻子从小河里吸了一些水,然后收回自己的鼻子,放进嘴里,再把鼻子里的水呼出来。象宝宝也有模有样地学起来,但还是不小心被水呛到了。象宝宝忍不住咳嗽了几声,鼻子里的水就喷到了妈妈的脸上。

象宝宝和妈妈都笑了起来。天边有几只鸟在空中飞,鸟的上面有白云在飘,白云之下,象妈妈领着象宝宝走上了寻找象群的旅途。

晚上的时候,天上有无数颗星星,还挂着一弯月牙。月牙就像一条小船一样,行驶在星河里。

"妈妈,你觉得在动物园生活好,还是在大草原生活好呢?"象宝宝趴在妈妈的怀里,看着星空。

"各有各自的好处吧,在动物园的话,我们有充足的食物,而且不用害怕被老虎、狮子吃掉。可是却没有自由。"象妈妈停顿了一下,"在大草原,我们随时面临着危险,并且要做好挨饿受冻的准备。可是我们却拥有自由。"

"那非要选出来一个呢?"象宝宝打算问到底。

象妈妈没有回答象宝宝的问题,而是唱起了摇篮曲。象宝宝听着摇篮曲,便有了困意,不一会儿就进入了梦乡。月牙真的变成了一条小船,驶进了象宝宝的梦里。

象宝宝和象妈妈不知道走了多少日子,象宝宝都开始长牙了!象宝宝用鼻子抚摸着自己的两颗小象牙,开心地说:"我也和妈妈一样,有象牙了!"

象妈妈没有说话,继续走着,仿佛象宝宝的话被风吹走了一样,根本没有被妈妈听到。

一只百灵鸟慌乱地飞过来,大声喊:"象妈妈,不要再往前走了!前面有很多捕猎者,他们已经杀害了很多小动物!"说完,百灵鸟就飞得不见了踪影。

象妈妈转过身,领着象宝宝往回走。象宝宝好奇地问:"妈妈,我们不去找象群了吗?"

"不去了,我们回动物园吧。"象妈妈用长长的鼻子轻轻地拍着象宝宝的头,"我们还是在动物园里生活吧。"

象宝宝和象妈妈回到动物园的时候,动物饲养员正在呼呼大睡呢!

夜晚的时候,漫天的繁星闪烁着,象宝宝抬头看着夜空:"妈妈,你说动物园有多大呢?"

"动物园很大很大,就像地球那么大吧。"听完象妈妈说的话,象宝宝似懂非懂地点了点头。

夜空中的月亮像一张薄薄的饼,周围的星星们就像一粒粒小芝麻。象宝宝向着夜空的方向咬了几口,仿佛真的吃到了一样,然后象宝宝就进入了甜甜的梦乡。

写作参考示例点拨

本文将"月牙"比喻成"小船",将"月亮"比喻成"薄饼",将"星星"比喻成"芝麻",都是找到了本体和喻体的共同点,即形状相似。将景物具象化,故事中的景物便跃然纸上了。这是一篇值得思考的小故事,以童话的口吻向读者娓娓道来。

10.跟唐诗宋词学拟人手法

模仿范本

春望

唐·杜甫

国破山河在①，城春草木深②。

感时花溅泪③，恨别鸟惊心。

烽火连三月④，家书抵万金⑤。

白头搔更短，浑欲不胜簪⑥。

◈**作者简介**

杜甫(712－770)，字子美，自称"少陵野老"，世称"杜少陵"。唐代伟大的现实主义诗人，唐诗思想艺术的集大成者，与李白合称"李杜"。杜甫忧国忧民，人格高尚，在中国古典诗歌中备受推崇，对后世影响深远。他是我国诗坛承先启后、继往开来的集大成者，是我国古代最伟大的现实主义诗人。他被世人尊为"诗圣"，称其诗为"诗史"。

◈**注释**

①国：国都，指长安。破：陷落。

②城：指长安城。草木深：指人烟稀少。

③时：时局、时事。溅泪：指流泪。

④三月：指季春三月。

⑤抵：值，相当。抵万金：极言家书的难能可贵。

⑥浑：简直。簪(zān)：一种束发的饰物。

◈**译文**

国都沦陷只有山河还在，春天的长安城里荒草丛生。

伤感之时看见花开却使人流泪，怅恨别离之时听见鸟叫却令人惊心。

战火燃了三个月不曾停息，家人的书信能值万两黄金。

头上的白发越抓越稀少，简直要插不住发簪了。

写作技巧妙梳理

拟人,就是把事物人格化,将本来不具备人的情感和动作的事物,变成和人一样具有情感和动物的样子。即赋予人以外的他物以人的特征,使其具有人的思想等。是一种十分常见的修辞手法。拟人的手法可以使文章显得更加生动、形象和具体。赋予事物以人的行为特点的话,可以生动形象地表达出作者的情感,也可以使其描绘的物体显得更加活泼。

在杜甫的这首《春望》中,"感时花溅泪,恨别鸟惊心"这两句千古名句,就运用了拟人的修辞手法。花本不会流泪,但把花拟人化后,花就具有了人的行为特点,人是会流泪的,所以花也为当时的时局流下了泪水。生动形象地表达出了作者的伤感之情。

写作技巧小练笔——情景小剧场

亲爱的同学们,你们知道拟人在哪里运用得最多吗? 没错,就是我们都读过的童话。那么请开动脑筋,写一篇篇幅短小的童话吧,记得要用上拟人这个写作手法哦。

写作参考示例

灯笼草的小灯笼

灯笼草可爱美了,她不停地换着衣裳。先是穿了一件绿色的连衣裙,然后又换了一件橘红色的衣裳,在不经意间,灯笼草穿上了纯红的新衣。有一天,她觉得这个颜色太艳了,就换了一身淡黄色的衣裳。

结果,有一天,灯笼草发现头顶的小灯笼不见了,这一定是在她换衣服的时候丢掉的。没有了小灯笼的灯笼草,怎么能叫灯笼草呢?

蝴蝶飞舞在半空中:"你是一棵普通的小草吗?"

"我是美丽的灯笼草,不是普通的小草!"灯笼草回答。

"可你头上并没有小灯笼啊?"蝴蝶说完就飞走了。

灯笼草现在可没有心情臭美了,她每天都愁眉苦脸,她的小灯笼到底在哪儿呢?

原来,小灯笼被鼠小弟捡到了,并挂在了自家的门口,门口被照得亮堂堂的。小猫被吓唬住了,不敢再守在洞口捉鼠小弟了。

等到晚上的时候,萤火虫都出来了。可是有一只萤火虫屁股上的灯坏了,不会发光怎么能叫萤火虫呢？萤火虫飞到了鼠小弟家，看到了门口的小灯笼。

"鼠小弟，能借下你的小灯笼吗？我屁股上的灯坏了，等到了白天就还给你。"

鼠小弟正在洞里陪家人看动画片，大方地说："你拿去用吧！"

萤火虫这下又能发光了，不过跟其他萤火虫发出的荧光不一样，他的是橘红色的光，在月光的映衬下，更好看了。

天快亮了，萤火虫把小灯笼挂在了鼠小弟家的门上。

树上的松鼠妈妈来鼠小弟家做客，看到了门上的小灯笼。

"鼠小弟，你能把小灯笼借我用用吗？树洞里太暗了，我的松鼠宝宝又害怕黑，我想用它照照亮。"

鼠小弟说："拿去用吧，这些天，都没看到小猫。我也用不到小灯笼了。"

松鼠妈妈把小灯笼放在树洞里，树洞马上就有了柔柔的光亮，松鼠宝宝可喜欢这个小灯笼了，一直盯着它。自从有了小灯笼后，松鼠宝宝就能睡个甜甜的觉了，当然还要伴有松鼠妈妈的摇篮曲才能睡得踏实。

可是没几天，小灯笼就不那么亮了，最后，只剩下一点点微弱的光。松鼠妈妈捧着小灯笼来到了鼠小弟家。

"这是怎么回事，小灯笼怎么不亮了？"

鼠小弟也不知道为什么："会不会是需要照太阳？"

松鼠妈妈把小灯笼放在阳光下，过了一段时间，小灯笼仍没有任何的变化。

"看来不是阳光的原因，那是为什么呢？"鼠小弟挠挠头。

蝴蝶在空中飞舞着，看到了："这不是灯笼草的小灯笼吗？"

"原来是灯笼草的啊！那我还是赶快还给她吧。"鼠小弟捧着小灯笼，在蝴蝶的指引下，找到了灯笼草。

鼠小弟很小心地将小灯笼安在灯笼草的身上，小灯笼马上就恢复了原来的光亮。

灯笼草感激地说："谢谢你们！"

鼠小弟和松鼠妈妈齐声说："应该是我们谢谢你，还有你的小灯笼！"

写作参考示例点拨

这是一篇有着奇思妙想的小童话，文中几乎处处都运用到了拟人的写作手法，因为动植物之间的对话，也是拟人的修辞手法，动植物不会说话，只有人会说话。在不断的对话中，推动了情节的发展，结尾处很温馨。

11. 跟唐诗宋词学第一人称手法

模仿范本

渔家傲

宋·李清照

天接云涛①连晓雾,星河欲转千帆舞②。仿佛梦魂归帝所③,闻天语④,殷勤问我归何处⑤。

我报路长嗟日暮⑥,学诗谩有惊人句⑦。九万里风鹏正举,风休住⑧,蓬舟吹取三山去⑨。

◈作者简介

李清照(1084－约1155),自号易安居士。宋代女词人,婉约派代表词人,有"千古第一才女"之称。风格早期灵秀,清俊旷逸,晚年沉健,沉郁含蓄。李清照是中国古代为数不多的女作家中最负盛名的代表。

◈注释

①云涛:如波涛翻滚的云。一说指海涛。

②星河:银河。

③帝所:天帝居住的地方。

④天语:天帝说的话。

⑤殷勤:情意恳切。

⑥报:回答。嗟:叹息,慨叹。日暮:天晚。日暮和路长均暗喻前途渺茫之意。

⑦谩:同"漫",空、徒然。

⑧休:不要。

⑨蓬舟:如飞蓬般轻快的船。

◈译文

水天相接,晨雾蒙蒙笼云涛。银河转动,像数不过来的船在舞动风帆。仿佛梦魂回到了天庭,听见天帝在对我说话,情意恳切地问我要到哪里去。

我回答天帝说,路途还很漫长,现在已经是傍晚了还未到达,即使我学诗能写出惊人的句，又有何用呢？长空九万里，大鹏鸟冲天正高飞，风千万别停，将我这一叶轻舟，送到蓬莱三仙岛吧。

写作技巧妙梳理

第一人称是以"我"的身份来叙述，不论作者是否真的是作品中的人物，都让读者觉得作品中所叙述的，就是作者亲身经历或者亲眼看到、亲耳听到的事情。常用的表述有"我""我们""吾"等。在语法上是指表达者一方，在文学作品中是指叙事视角之一，在言语活动中，指称说话人自己。第一人称可以使读者产生一种真实、亲切的感觉。

在李清照这一首词中，"殷勤问我归何处"和"我报路长嗟日暮"中，都是在用第一人称"我"在叙述。其实通读全篇，能发现全篇都是以第一人称的视角在叙述。该词结构新颖，完全突破了上情下景的传统模式，而是以人神对话组成。想象联翩，笔势雄健，充满了浓郁的神话色彩和浪漫气质。

写作技巧小练笔——情景小剧场

亲爱的同学们，你们知道什么是土路吗？在贫苦的年代，很多路都是土路的，现在几乎都是柏油路了，那是因为经济在发展，时代在进步。请写一段关于道路的文字吧，记得要用第一人称来写哦。

写作参考示例

土路

我还是那么喜欢乡下的土路，尽管有下雨后的泥泞，尽管我已经很多年不曾在土路上行走了。可是我却常常想起乡下的时光，而土路就成了一种媒介。走在柏油路上的我会时常想起：我是乡下的孩子，我是从那个贫瘠的地方走出来的孩子。

那时候，每家都要有靴子，因为一旦下大雨，路便会泥泞好几天。大人是要下田务农的，小孩也不能在家闲待，要到村东头的学校去上学。这便要途经村里的土路，但土路一旦接触到雨水，便像是一片沼泽，狠狠地把你的鞋拽住，你用尽力气，好不容易把鞋子拔了出来，鞋子便沾满了泥。而靴子便不会这么麻烦了，靴子防水，而且容易清洗,不易带泥,所以那时候的我们都有靴子,可是后来到了城里,便发现靴子已经毫无用处了。把靴子丢掉的时候,我不知道该欢喜还是忧伤。

还记得土路是光秃秃的,绿色的草都长在旁边的地方。路上没有小草,这让儿时的我很是疑惑。去问母亲,母亲说是被人和牲畜踩的,踩的次数多了,这路也便变得坚硬,就不适宜长草了。后来无意间我却发现,有条土路上长出了一根很大的草,甚是显眼。当时觉得没什么,只是怪它长错了地方。而今细细想来,却有了那么多的敬畏和感动。我多想成为那根草,把根深深地扎入土路里,直到自己也深信不疑,深信一根草也可以给你整个春天。

土路是光秃秃的,但院子里却充斥着生机和绿意。母亲把一切都打理得井然有序,这一块地种土豆,那一块地种了辣椒和茄子,在院墙的旁边还有两棵苹果树。而不论种了什么,都是要分垄的,垄沟里是不种庄稼的。这道理也是母亲后来告诉我的:垄沟是用来灌溉、排水和施肥的,也便于人去摘取庄稼。我觉得垄沟便是庄稼的土路,或许我们每个人乃至世间万物都有路,可去行走,也可去获得。

印象最深的便是父亲赶着马车带我和母亲去近六十里路远的姥爷家,土路不是很平坦,坐在马车上面摇摇晃晃的,不一会儿便睡着了,等醒的时候便已经到了姥爷家。那马是识路的,它很安分地行走在土路上,不会践踏旁边的庄稼地,它知道自己的路,也知道走在土路上才最安心。在那熟悉的土路上,一匹马和马车上的三口人,如此反复。

后来,我考上了县城里的重点中学,父母来城里陪读,整个家也就离开了农村。再后来父母在城里买了楼房,也就安定下来了,农村和农村的土路也渐渐消退在我们的生活中了。尽管我常常在下雨天感到忧伤,常常想起那些红的辣椒和苹果,常常在梦里赶赴姥爷家,常常想到小时候和那时的土路。

我还是喜欢乡下的土路,行走在土路上,我就很心安。

写作参考示例点拨

这是一篇以第一人称"我"来叙述的文章,读来觉得很真实和亲切。多处运用了细节描写,体现出了"我"对土路,以及旧时光的热爱。

12.跟唐诗宋词学第二人称手法

【模仿范本】

金缕衣

唐·杜秋娘

劝君莫惜金缕衣[①]，劝君须惜少年时[②]。
有花堪折直须折[③]，莫待无花空折枝。

◉作者简介

杜秋娘，一说无名氏，生卒不详。

◉注释

①金缕衣：这里指华丽贵重之物。

②须惜：珍惜。

③堪：可以，能够。

◉译文

劝你不要去珍惜华丽贵重之物，劝你一定要珍惜少年美好的时光。

花开可以折取的时候就要尽管去折，不要等到花谢时只折了个空枝。

【写作技巧妙梳理】

　　第二人称，指称与说话人相对的听话人，常用的表述有：你、你们、尔、君、汝等。第二人称可以显得更直接、更自然、更亲切，在无形之中拉近了读者与作者的距离，能够使读者迅速融入角色，可以加强感染力。若用于物，则有拟人化效果。

　　在《金缕衣》一诗中，前两句中的"君"，即指"你"，是用第二人称在叙述。劝我们要珍惜美好的时光，在无形之中便拉近了和我们的距离，便于我们更好地接受，显得很自然和亲切。

写作技巧小练笔——情景小剧场

同学们,如果看到饿着肚子的流浪猫,你们会怎么做呢?请写一段关于流浪猫的文字吧,记得要用第二人称来写哦。

写作参考示例

你就是你

第一次见到你的时候,是在垃圾桶旁。你蜷缩着身子,不断地发抖。你应该是很饿了,看我的眼神中透露出一丝胆怯。

我轻轻地把你抱回家,你很乖,并没有乱动。给你吃了一些细碎的面包,喝了一些牛奶后,你便活欢起来了。你橘黄色的毛发上沾了很多污泥,我给你洗了澡,然后用吹风机吹干。

我家的老猫一个月前因为生病去世了。习惯真是一件很痛苦的事,我习惯看书的时候老猫在我旁边呼呼大睡,习惯抱着老猫看电影,习惯给老猫梳理毛发。老猫不在后,我常常会感到孤独。所以,我决定收养这只小猫,也就是你,其实老猫也是橘黄色的呢。

我给你取了一个名字,叫"咪咪",因为老猫之前也叫"咪咪",我希望你可以代替老猫。吃过午饭,我便带着你去了家宠物医院,给你检查了一下身体。医生在做检查的时候跟我说,你就是一只普通的橘猫,实在不必为了你花费这么多钱。我笑了笑,心想,很多事情是不能用钱来衡量的呀!

还好,咪咪你只是很久没有吃食,身体有些虚弱,多休息就会慢慢好起来。几天后,你便生龙活虎起来。你总是爱黏着我,我看书的时候,你总爱将那双小爪子放在书上,还不停地乱动,仿佛在告诉我,主人快来和我玩吧!你不爱看电影,我看电影的时候,你都在睡觉,还打着鼾。

你很能吃，不久就很胖了，你胖了之后的样子特别像老猫。可你不是老猫，这一点我是知道的。

有一次，我看了一本书，书中有这样一句话："你很像他，但你终究不是他，尽管我会常常地把你当成他。可你们终究是不一样的，就连呼吸的频率都不相同。"我看向你，你刚好醒了，你舔了舔自己的爪子，纵身一跃跳到我的怀里，然后又开始睡觉。我决定把这篇文字看完，结尾处这样写道："虽然你很像他，甚至在刻意地模仿他呼吸的频率，但你还是你自己，而我喜欢的恰恰是现在的你。"

令人意外的是，后来的你竟然会很专注地看电影。我不知道你什么时候开始喜欢看电影的，也不知道我有多久没有想起老猫了。我拿来一袋小鱼干，然后放在你的面前，来回地晃，不让你好好地看电影。你有些生气，转过身，走到自己的小窝，闭着眼睛不理我。

或许以后的我，还会再收养一些流浪猫吧！给它们足够多的温暖，给它们一个不用流浪的家。到时候，我亲爱的橘猫咪咪，你会不会"吃醋"呢？

写作参考示例点拨

这是一篇以第二人称"你"来记叙的文章，文中的"你"，就是指流浪猫咪咪，产生了拟人化的效果。通读全文，会让我们去深思：每一个你都是独一无二、不可替代的。

13. 跟唐诗宋词学第三人称手法

模仿范本

青玉案·元夕①

宋·辛弃疾

东风夜放花千树②，更吹落、星如雨③。宝马雕车香满路。凤箫声动④，玉壶光转⑤，一夜鱼龙舞⑥。

蛾儿雪柳黄金缕⑦，笑语盈盈暗香去⑧。众里寻他千百度，蓦然回首⑨，那人却在、灯火阑珊处⑩。

❖注释

①元夕：旧历正月十五元宵节。

②花千树：形容灯火之多像千树万树梨花开似的。

③星如雨：星，比喻灯。又一说，形容漫天的焰火。

④凤箫：箫的美称。

⑤玉壶：比喻月亮，一说指灯。

⑥鱼龙：指鱼形龙形的灯。

⑦黄金缕：形容鹅黄色的柳丝。

⑧盈盈：笑语时含情的态度。暗香：指美人。

⑨蓦然：忽然。

⑩阑珊：零落，将尽。

❖译文

像东风吹散了千树的繁花一样，又吹得漫天的焰火、乱落如雨。豪华的马车满路的芳香。悠扬的凤箫声四处回荡，玉壶般的月亮渐渐西斜，一整夜鱼龙灯飞舞笑语喧哗。

美人头上戴着亮丽的饰物，笑语盈盈地随人群走去，身上香气飘飘。在人群中寻找她千百回，忽然回头，她却在灯火零落的地方。

写作技巧妙梳理

第三人称，是指说话人与听话人之外的第三方，如"他""她""它""他们"等。第三人称是一种常见的叙述方式，可以比较客观地展现丰富多彩的生活，不受时间和空间的限制，运用比较灵活。

在辛弃疾的这一首词中，"众里寻他千百度，蓦然回首，那人却在、灯火阑珊处。"此处就运用了第三人称的叙述方式。在人群中寻找她千百遍，原来她在灯火零落的地方。词尾这样处理，笔调和婉，意境优美。所说的"那人"，也许并非实有其人，不过是作者寄托的理想化身，寄寓着词人政治上失意的身世之感。

写作技巧小练笔——情景小剧场

同学们，你们知道稻草人吗？把稻草人放在田地里，鸟便会觉得那是真的人，就不敢来吃田里的粮食了，所以稻草人是有很大用处的。不如写一段关于稻草人的文字吧，记得要用第三人称来写哦。

写作参考示例

稻草人的眼睛

在一片绿油油的田地里，有一个稻草人，他挥舞着长长的袖子，吓跑了很多麻雀一类的鸟。白天他就不停地挥舞着袖子，晚上的时候，他会安静下来，去倾听一片叶子摩擦另一片叶子的声音，也会听到两只小田鼠吵架的声音。

稻草人最开始是没有眼睛的，主人觉得不论他有没有眼睛都可以驱赶走那些麻雀。但主人还是给稻草人戴上了一顶草帽，这样稻草人就不怕夏日的炽热了。没有眼睛的稻草人也很快乐，他可以闻到庄稼开花时候散发的芳香，可以从老田鼠的口中听到很多奇妙有趣的故事。

直到有一天，主人的小儿子拿着一串大葡萄来到了田里，他一边吃着葡萄，一边看着稻草人，他好奇地说："你怎么没有眼睛呀？没有眼睛你就看不到这个美丽的世界了。"说完，小主人就把两颗最大的葡萄小心翼翼地安放在稻草人左右眼睛的位置上。

"谢谢你,小主人,我能看见了!"稻草人很激动地对小主人说。小主人就笑了起来。

从此,稻草人有了一双水灵灵的大眼睛,他经常抬头望着天空,看一朵云追逐另一朵云,然后再相继消散,当两朵云融在一起时,它们消散得就很慢。他看到了那些令人厌烦的麻雀,在田地里胡乱地飞舞着,这时候稻草人就会挥动起袖子,像一名保家卫国的战士。

晚上的时候,稻草人看到了北斗七星,北斗七星像一个大勺子,挂在北边的天空上。这时候,老田鼠都会出来遛遛弯儿,顺便和稻草人聊会儿天。

"老田鼠,老田鼠,我能看到你了,我有眼睛咯,是小主人给我安上的!"稻草人兴奋地说道。老田鼠抬头看了看稻草人:"真好,这样你就能看到美丽的世界了! 我记得哪位伟人说过一句话,他说眼睛是心灵的窗户。我已经看到你纯净的心灵了。"那一晚,稻草人和老田鼠聊了很久很久,直到北斗七星的光已经非常微弱了,老田鼠才回到洞里睡觉。

田地上是一望无际的黄,庄稼成熟了。田地的上空聚集了很多麻雀,它们一定都饿着肚子,所以已经不惧怕稻草人了。尽管稻草人疯狂地挥舞着袖子,麻雀们仍旧冲了下来,吃了很多谷粒,有一只麻雀看到了稻草人的眼睛——那是两颗超大的葡萄——麻雀飞速冲了下来,啄去了其中的一颗。马上麻雀又冲了下来,啄去了另一颗。稻草人又什么都看不到了。好在主人及时赶到,驱走了那些麻雀。

一两天的时间,庄稼就被主人收走了,田地已经是光秃秃的了。叶子已经落尽,再没有"沙沙"的声音。偶尔稻草人会感到很冷,那一定是下雪了,但雪落下来的声音很轻,稻草人基本是听不见的。偶尔,老田鼠仍会来和稻草人聊聊天,稻草人很难过地说:"是不是我太没用了,主人都不要我了?"老田鼠笑着答道:"当然不是了,冬天了,你不用再那么忙,也不要想那么多,好好睡一觉吧!"

稻草人不知道睡了多久,等他醒来的时候,他又闻到了久违的庄稼开花的芳香。几只麻雀不停地叽叽喳喳,叫得让人心烦,稻草人又挥舞起袖子,不一会,叽叽喳喳的声音没有了。稻草人知道,那些麻雀被吓跑了。

有一天，稻草人听到了熟悉的笑声，他想了想，那是小主人的笑声，一定是小主人来看他了。

"你的眼睛呢?"小主人看着稻草人，不解地问道。

稻草人回答："被一只麻雀啄去了……"

"不用怕，我带了画笔，我给你画双眼睛吧，这样你就不用怕再被小鸟啄去了!"小主人说完，就给稻草人画了一双水汪汪的大眼睛。

稻草人又能看见这个美丽的世界了，也能看到这个善良可爱的小主人了。

写作参考示例点拨

这是一篇很温馨的小故事，通篇用第三人称"他"来叙述。本文没有受到时间和空间的限制，运用得十分灵活、生动。

14. 跟唐诗宋词学回环手法

模仿范本

菩萨蛮·回文 夏闺怨①

宋·苏轼

柳庭风静人眠昼②,昼眠人静风庭柳。香汗薄衫凉③,凉衫薄汗香。

手红冰碗藕④,藕碗冰红手⑤。郎笑藕丝长⑥,长丝藕笑郎。

◎作者简介

苏轼(1037-1101),字子瞻,号东坡居士。与父亲苏洵、弟弟苏辙合称"三苏"。是"唐宋八大家"之一,"宋四家"之一,北宋著名文学家、书法家、画家,同时也是豪放派代表词人。他是北宋文坛巨擘,也是中国文学史上罕见的全才人物。苏轼在诗、词、散文、书法、绘画和音乐上均有很高的造诣。作品有《东坡七集》《东坡易传》《东坡乐府》等。

◎注释

①菩萨蛮:词牌名,又名《菩萨篁》《重叠金》《花间意》《梅花句》等。闺怨:女子的愁怨。

②眠昼:午休。

③衫凉:薄质便服。

④冰:古人有在冬天凿冰藏于地窖的习惯,等到盛夏之时取出消暑。

⑤冰:名词作动词,使……冰冷。

⑥藕丝长:象征着人的情意长久。在古诗词中,经常用"藕"谐音"偶",以"丝"谐音"思"。

◎译文

长满柳树的庭院里静悄悄的,女子正在午休睡眠;在午休睡眠的女子静悄悄的,微风还吹拂着庭院里的柳树。女子冒出汗水穿着薄薄的衣衫,让人感觉凉爽;让人感觉凉爽的衣衫薄薄的,里面冒出汗水的香。

睡醒后她用嫩红的手端着一碗冰凉的凉拌藕丝,装着凉拌藕丝的碗又冰着她那嫩红的手。郎笑碗中的藕丝太长了。闺人一边吃长藕丝,一边又嘲笑她的情郎。

写作技巧妙梳理

回环,也可以称为"回文",就是在说话或写文章的时候,把"词语相同而排列次序不同"的语言片段连在一起,这样回环往复都可以成文,明确地表达意思,具有循环往复的一种修辞格。回环,能使语言具有辩证美,在形式上也是整齐均匀的。

那苏轼的这一首词,就非常明显地运用了回环的修辞手法。通过环境描写,表达出了夏日女子的哀怨惆怅。该词每两句为一组回文,共四组,也就是词的全部。在形式上非常整齐匀称,在内容上也明确地表达了出来。回环这一修辞手法,也让该词充满了趣味。

写作技巧小练笔——情景小剧场

你的妈妈是什么性格呢?她会不会要求你去做一些你不喜欢的事情呢?你喜欢你的妈妈吗?请写一段文字吧,写一写你和妈妈的故事,记得要用上回环这一修辞格哦。

写作参考示例

我和我妈

放假在家的这段日子,简直就是我和我妈斗智斗勇的辛苦历程。

每天,都要早早起床,然后陪我妈去公园晨跑。简直比上学的时候起得还要早。多么美好的早上,竟然不是在暖暖的被窝里度过。

坚持了一周后,我终于想出了对策——装病!早上,我妈兴致勃勃地说:"儿子,起床晨跑了!"

我眯着眼睛,故意咳嗽几声,装作很虚弱的样子:"我可爱的妈妈,你的儿子高烧了,需要休息。"

我妈把手放在我的额头上,摸了摸:"这也不烫啊。"

"可能是低烧吧……"

我妈皱皱眉:"那要不要吃点药,或者去医院?"

我心想:"去医院不就露馅了吗?我没病也不能乱吃药啊!"

"不用不用,估计睡一觉就好了。太难过了,不能陪妈妈晨跑了。"

"那你好好休息吧。"妈妈不动声色地关上了我的房门。

中午的时候,我才从被窝里爬出来,肚子咕咕叫个不停。看着餐桌上的小米粥、咸菜条和几碟小青菜,我简直怀疑人生。

"妈妈,午饭就吃这个吗?也太清淡了吧!"

我妈从厨房走出来,端着一盘炸鸡腿。我妈笑着说:"这不有炸鸡腿吗?哪里清淡了。不过,桌子上的是给你吃的。这盘炸鸡腿是我和你爸的午餐。"

"为什么?我表示抗议!"

我妈拿起一根鸡腿,吃了起来:"抗议无效,这都是为了你的身体着想,生病了就要饮食清淡。"

好吧,这一局我彻底败下阵来。第二天,我早早就起来和我妈去公园晨跑。一切为了美食而奋斗。

网上一双我心仪已久的鞋刚好在打特价,不过还是有些小贵。为了让我妈给我买下这双鞋,我可谓是使用了浑身解数,并把《孙子兵法》仔仔细细翻看一遍。

我妈就好像有金刚罩一样,所有的招数对我妈来说都是无效的。最后,舍弃了我半年的零花钱,我得到了那双鞋,为何我没有感受到一丝丝快乐?

我喜欢在家唱歌,我妈说,别唱了,像公鸭乱叫一样,再唱楼上的老太太心脏病就该犯了。这是我亲妈!有一次,我在某个电台发了一首我朗读的文章,我觉得很好,便分享到了朋友圈。我说:"妈你点开听听。"我妈没理我。

后来,我去剪头忘了拿钱,回来取钱的时候,发现我妈坐在沙发上,手机音量放到了最大,手机都快贴耳朵上了,那声音,是我朗读的声音。

我妈矮了,是我前不久发现的,我比她高出了一个头,之前我一直觉得我妈很高。原来在我和我妈斗智斗勇的时候,时光也在慢慢流逝。我在长大,我妈在变老。我希望,时光可以慢一些,再慢一些。我妈慢些变老,我慢些长大,毕竟我还有很多招数没有用呢!

我爱我妈,我妈也爱我。

写作参考示例点拨

本文最后一段,运用了回环的手法。通读全文,会感到很有趣味,也能读出"我"对妈妈的爱。在结尾处,会有些感动,被生活中的琐碎小事感动。每个妈妈可能性格不同,但她们对孩子的爱是相同的。

15.跟唐诗宋词学反问手法

模仿范本

凉州词①

唐·王翰

葡萄美酒夜光杯②,欲饮琵琶马上催③。
醉卧沙场君莫笑④,古来征战几人回?

◈**作者简介**

王翰(687—726),字子羽,唐代边塞诗人,儒学大家。原有诗集留世,但已失传。

◈**注释**

①凉州词:唐乐府名,是《凉州曲》的唱词,盛唐时流行的一种曲调名。

②夜光杯:玉石制作而成的酒杯。当把美酒倒入杯中,放在月光下,杯中就会闪闪发光。

③琵琶:此处指作战之时,用来发出号角的声音时用的。

④沙场:平坦空旷的沙地,古时候多指战场。

◈**译文**

宴席上葡萄美酒盛装在夜光杯中,正要畅饮之时,马上琵琶声响起,仿佛催人出征。

如果喝醉卧在战场上,也请你不要笑话,自古出外打仗的能有几个人返回家乡呢?

写作技巧妙梳理

反问,是只问不答,指借助疑问句来传递确定的信息。反问的形式分为两种:用肯定的形式表示否定,和用否定的形式表示肯定。

反问可以加强语气,发人深思,激发读者情感共鸣,加深读者印象。同时可以增强文中的气势和说服力,为文章奠定一种激昂的感情基调。

在王翰的这一首边塞诗中,最后一句就是反问,其实际意思是说,自古外出打仗的没有几个人能够返回家乡,寓意着战争的残忍。但诗人运用反问这一修辞手法后,就加强了语气,增强了气势和说服力,同时为该诗奠定了激昂的感情基调。

写作技巧小练笔——情景小剧场

亲爱的同学们,你们喜欢吃瓜吗?香瓜或者西瓜,在它们熟了的季节,可是很美味的。写一段关于吃瓜的文字吧,记录一下吃瓜时发生的趣事,记得要用上刚刚学到的反问这一修辞手法哦。

写作参考示例

种瓜得瓜

小时候,我常待在大姨家,大姨家是种瓜的。香瓜开园的时候,便是我最快乐的时光。大姨会在地头搭一个凉棚,在路边放一筐香瓜,旁边立一个"甜香瓜开园"的大牌子。地头有几棵大树,大姨为我做了一个简易的秋千。当阳光发烫的时候,我就躲到树荫下避暑。荡着秋千,吃着香瓜。中午的时候,还会躺在凉棚里睡一觉。瓜田里充满了瓜香,许多白蝴蝶都在瓜田中翩翩起舞。偶尔有几缕风吹来,带来片刻的清凉。

大姨则戴着一个草帽,手里攥着一些零钱,坐在路边。有人路过的话,大姨就会叫卖几声。如果真的有人想买,大姨就掰开一个洗净的香瓜,给买主尝尝,买主尝了尝觉得不错,就会买几斤。大姨没文化,没上过学,但大姨的脑子好使。大姨每次都会少要几毛钱,或者赠一个小香瓜。

大姨家的瓜甜,大姨的秤也不糊弄人。附近的村里人便都喜欢来大姨家买瓜。

大姨的汗顺着脸颊往下淌，但大姨的脸上却洋溢着灿烂的微笑。我问：“大姨你不热吗?”大姨没有回答我，过了很久，大姨用手巾擦擦汗说：“大姨不能歇，大姨还要给你小哥攒钱娶媳妇呢!”

大姨迎着凉爽的风问我：“小外甥长大不娶媳妇吗?”我听到后，脸不由得红了起来，索性不做回答，跑到瓜田里去捉蝴蝶。

在瓜田里走路，要特别小心脚下的香瓜。香瓜可是不禁踩的，如果踩碎了，就不能吃也不能拿去卖了。在瓜田里，我闭着眼睛闻着瓜香，侧耳倾听树上麻雀叽叽喳喳的叫声。草地里还有一些会叫的虫子，简直就像是一场交响乐。

把鞋脱掉，把自己的小脚丫直接放到田地里，脚心就有了暖洋洋的感觉。那一刻，仿佛自己也落地生根。走了几步，突然想起了什么，回过身低下头看了看自己的小脚印。看见一只蚂蚁在脚印里不停地打转。抬起头看了看天空，排成人字形的大雁正往南飞去。买香瓜的人还是络绎不绝。

当霞光出现，太阳照红了半边天。大姨就一手挽着筐一手牵着我，往家的方向走去。我问大姨：“这瓜田不用人看着怎么行呢？万一被偷了呢？”大姨笑着对我说：“不怕，没人会偷的。”我点点头，不再言语。

过了一段时间，田里的香瓜就都卖掉了。大姨坐在地头数着一沓沓有些破旧的零钱，脸上简直开出了花。大姨说：“明年啊，还得多种几垧地，你哥也老大不小的了。”

几年后，大姨给哥娶了个城里的媳妇，又给哥在城里买了楼房。后来，哥忙于工作，就很少回来了，只有在过年的时候，才能回来陪大姨几天。

大姨老了，头发都白了，记性也不太好，算账总算得糊里糊涂。大姨不种地了，每天都念叨着哥，盼着哥。哥让她去城里住，大姨说不习惯城里的生活，还是农村住得顺心。

后来，我也去城里念书了，便不能常去大姨家。大姨昨天打来电话，说我也老大不小的了,啥时候娶媳妇。我笑着说:"我可不想娶媳妇。"大姨听了后有些不乐意,问我:"那你想啥?"我说:"想大姨种的香瓜了……"

那个夏天,我躺在凉棚里吃瓜,大姨跟我说:"人这一辈子啊,就像这瓜田里的瓜苗,总想着快点长大,好结出香瓜来。可是香瓜结出来了,瓜苗也就开始发黄枯萎了。"我说:"种瓜得瓜,瓜苗的任务不就是结出这香甜可口的瓜吗?"

大姨没有说话,抬头看着树上的麻雀。麻雀又叽叽喳喳地叫了起来,叫出了黄昏,叫出了早晨的第一滴露水。

写作参考示例点拨

文中有三处运用了反问,激发了读者的情感共鸣。本文同时运用了大量的环境描写和语言对话,从种瓜吃瓜的事情上,很自然地过渡到了给孩子娶媳妇的事上。如果细细读来,能够体会到作者想要阐述很多道理,关于生活,关于成长。

16.跟唐诗宋词学托物言志手法

模仿范本

蝉

唐·虞世南

垂緌饮清露①,流响出疏桐②。
居高声自远,非是藉秋风③。

◈**作者简介**

虞世南(558-638),字伯施,曾任秦府参军,迁秘书监,封永兴县子。人称"虞永兴"。能文辞,工书法,著有《虞永兴集》。

◈**注释**

①垂緌(ruí):緌是古人结在颔下帽带的下垂部分。蝉的头部伸出的触须,形状如下垂的冠缨,故称"垂緌"。

②流响:不停地鸣叫。疏桐:稀疏的梧桐树。

③藉(jiè):依赖。

◈**译文**

蝉垂下像冠缨的触须吸吮着清澈甘甜的露水,声音从挺拔稀疏的梧桐树枝间传出。

蝉的声音之所以传得很远,是它身居高处的缘故,而并不是依靠秋风为其助声。

写作技巧妙梳理

托物言志,指通过对物品的描写和叙述,表现自己的志向和意愿,是一种常见的表现手法。采用托物言志的文章特点:用某一物品来比拟或者象征某种精神、品格、感情、思想等。但要把握好"物品"与"志向"的内在联系,首先是物品的主要特点要与自己的志向有某种相似点;其次,描述自己的志向要以物品的特点为核心。也就是说,物品要能表达自己的意愿。

对此,需要作者置身于现实生活中,在对某一事物的特征进行观察、体验和比较的基础上,进而准确无误地揭露出所写之物的品质。

虞世南的这首《蝉》,就是一首典型的托物言志的诗歌。读者可以从人格化的蝉的身上,看出作者那种清华隽朗的高标逸韵。"居高声自远,非是藉秋风",这是全篇比兴寄托的点睛之笔。强调立身品格高洁的人,并不需要某种外在的凭借,自能声名远播。作者找到了蝉与人的志向之间的相似点,表达出了对人的内在人格的热情赞美和高度自信,表现出了一种雍容不迫的风度气韵。

写作技巧小练笔——情景小剧场

同学们,学会了托物言志这一手法后,你们是不是迫不及待地想用这一手法来写一段文字呢?那么快来动笔写一写吧,如果没有思路的话,你们可以先想一个事物,然后去观察它,最后就开始动笔写吧!

写作参考示例

逃跑的石头

在山丘上,有一颗椭圆形的石头。那颗石头一定待在那里很久了,它的表面被雨水冲刷得很干净,岁月磨平了它的棱角,那是一颗看着就很光滑的石头。

山丘上只有它一颗石头,剩下的就是尘土。一粒尘土看着眼前的庞然大物——那颗石头,说:"我们也是石头,只是个头小一点!"

另一粒尘土也说:"对,我们也是小石头,只是个头太小了。"

石头心想:"石头可和尘土不一样,我们根本就不是一个层次的。"但石头没有说出来,依旧保持着沉默。石头是懒得和尘土争辩什么的。

晚上的时候,石头抬头看着夜空中的月牙儿,也看着月牙儿身旁的星星。"要是能成为一颗星星该多好。听说星星也是石头,但是星星可以发光,我却不行,看来我们也不是一个层次的。"说完,石头轻轻地叹了一口气。

"层次"到底是什么呢?石头也不是很清楚,这个名词还是很多年前,石头偶然间听到两只百灵鸟提到的。一只百灵鸟对它的同伴说:"你唱得可真难听,你看我唱得就很好听,我们根本就不是一个层次!"说完,两只百灵鸟就飞走了,但石头却记住了"层次"这个名词。

一阵风吹到了山丘,石头纹丝没动,一些尘土却被风吹跑了。又一阵风吹了过来,这次吹得更猛烈了一些。石头眨眨眼,心想:"我为什么不借助风力逃跑呢？离开这里,去寻找能够和我在一个层次的地方。"

借助风力,石头也用尽了全力,它终于开始移动了。石头开始从山丘的最上面,往下滚落,而且速度越来越快。

长在山丘上的小草看到了,连忙问:"石头,你在干吗？"

"我在逃跑!"石头大声说,"我要离开这里,永远地离开。"

不一会儿,石头就滚落下了山丘,并且离山丘越来越远。石头来到了一个羊肠小道,它仍在继续滚落着。

路旁的大树看到了,连忙问:"石头,你在干吗,你要去哪里呢？"

"我在逃跑!"石头继续说,"我要去一个好地方……"

大树没听清下面的话,因为石头早就滚落得很远了。大树心想:"好地方？哪里是好地方呢？在哪里生长,哪里就是好地方呀!"一阵风吹过来,大树的树叶沙沙响,"瞧,这些树叶又要唱歌了,多美好呀。"

石头一边滚落着,一边望着身旁的风景,这些风景石头之前可没看过,这下可大饱眼福了。

"看来,离开山丘,是我做得最对的选择。"石头还不忘感慨一下,"人生呀,真是充满着太多的选择。"

没有了风和滑坡的助力,在平坦大道上的石头,滚落的速度越来越慢了。石头前后左右地望了望,周边除了几棵树和大片的荒草,其他什么都没有。当然,这里的天依旧是蓝的,和在山丘的天是一样的。

"我可不想待在这里!"石头再次用尽全力,想把自己滚落得更远一些,"快来一阵猛烈的风吧,帮帮我。"

说到风,风就真的来了。风呼呼地吹,石头滚落的速度又快了不少。石头洋洋得意地说:"你看,风吹过来,这就是风的选择!"

石头最后是在放着一堆石头那里停下来的,逃跑的石头终于不用逃跑了。现在,石头的身边也都是石头,虽然大小不一、颜色各异,但石头觉得它们是同一个层次的。

"这里才是好地方呀!"石头感慨道。石头和石头之间,当然有更多的话说了。

它们从白天聊到晚上,再从晚上聊到清晨。

"山丘上的那颗石头哪去了?"百灵鸟落到山丘上,好奇地问道。

小草听到了,便回答:"它逃跑了!"

大树听到了,就说:"它要去找一个好地方!"

百灵鸟没有说什么,便飞走了。谁都知道山丘上原本有一颗石头,因为那里只有它一颗石头。谁都不知道那堆石头里,多了一颗石头,因为那里有太多的石头。

晚上,夜空中的星星发着光,相互讨论着,到底什么是层次这个大问题。

写作参考示例点拨

这是一篇运用了托物言志手法的小故事,通过对"石头"的叙述,表达出了人对于"层次"这一问题的思考。石头离开了山丘,一路"逃跑",最后来到了有一堆石头的地方,途经一棵大树的时候,大树的思想,其实就是很多知道满足的人的想法。这里也运用了托物言志的写作手法。倒数第二段,引人深思,存在着某种辩证关系,需要我们反复揣摩。

17.跟唐诗宋词学对偶手法

模仿范本

送杜少府之任蜀州

唐·王勃

城阙辅三秦①,风烟望五津②。

与君离别意③,同是宦游人④。

海内存知己⑤,天涯若比邻⑥。

无为在歧路⑦,儿女共沾巾⑧。

◉**作者简介**

　　王勃(约650—676),字子安。唐代文学家、儒客大家,与杨炯、卢照邻、骆宾王并称"初唐四杰"。王勃聪敏好学,六岁能文,被赞为"神童"。唐高宗上元三年(676),王勃渡海省亲,溺水,惊悸而死。王勃在五言律诗的发展成熟上,有一定的贡献。散文以《滕王阁序》为最有名。有《王子安集》。

◉**注释**

　　①城阙:宫阙,此代指当时的京城长安。辅:护卫。三秦:指长安附近地带。

　　②风烟:风尘与烟雾。五津:这里代指蜀州。

　　③君:指杜少府。杜少府,名不详,曾于王勃同在长安任职。

　　④宦游人:在外地做官的人。宦:官,做官。

　　⑤海内:泛指国内。存:有。

　　⑥天涯:指最远的地方。若:如同。比邻:近邻,身边。

　　⑦无为:不必,不要。歧路:岔路口。

　　⑧沾巾:泪沾手中,形容落泪之多。

⊙译文

三秦之地护卫着京城长安,透过那风云烟雾遥望着蜀川。

和你离别心中怀着无限情意,因为我们同是在外地做官的人。

四海之内有知心朋友,即使远在天边也如同近在身边。

分别的时候,不要像普通男女那样哭哭啼啼,让眼泪弄湿了手巾。

写作技巧妙梳理

对偶,是在诗词中较为常见的一种修辞手法,即用字数相等、结构相同、意义相对的一对短语或句子来表达两个相对应或相似的意思的修辞方式。运用对偶,可以使语言更加凝练、句式整齐,同时富有节奏感和音乐美。读起来朗朗上口,便于记忆和传诵。

王勃的这首诗,是为了送别友人杜少府赴蜀州上任而作。全诗以真诚、健康的情感道出了人们共同的感觉和心愿。其中"城阙辅三秦,风烟望五津""海内存知己,天涯若比邻"这两句为对偶句。在字数和结构上,都是相同的。一一相对,读起来朗朗上口。尤其是"海内存知己,天涯若比邻"这句更是成了后世传诵不绝的名句。

写作技巧小练笔——情景小剧场

同学们,我们已经学了很多的写作技巧,你们觉得如何才能写出一篇好作品呢?请用一段文字写出你们的思考吧,记得要用上对偶这一修辞手法哦。

写作参考示例

写童话大赛

动物小镇要举行第一届写童话大赛了,各位小动物看着公告,都跃跃欲试。

小猴说:"我每天晚上都听妈妈给我讲童话,好多童话我都背得滚瓜烂熟,第一名肯定是我的!"

梅花鹿接着说:"大家可以去我家看看,我家里的童话书到处都是,我的床都是用童话书搭建的!所以我看过的童话书是最多的,第一名就是我——梅花鹿。"大家都对梅花鹿表示崇拜。

山猫推了推眼镜："我爸爸就是一位作家，他说我有奇思妙想，总能想到特别的点子。各位知道的，写童话一定要有丰富的想象力。"

花仙子飘荡在一朵粉白色的雏菊上："菜刀越磨越快，文章越写越精。只有多写才可以吧。"

大家你一言我一语地说了起来，小熊不知道说什么，便转身离开了。

走在回家的路上，小熊心想："妈妈不是每天都给我讲童话故事，我的家里也没有几本童话书。我很笨，根本想不到什么奇特的点子。我也没有经常写作，看来我一定写不出好童话的。"

回到家，小熊妈妈已经做好了饭菜。餐桌上有花瓣饼、"露水牌"饮料、抹茶蛋糕，还有小熊最喜欢吃的西红柿炒鸡蛋，真是一顿丰盛的饭菜。

小熊吃了一口饭菜，问道："妈妈，怎样才能写出好的童话呢？"

妈妈给小熊的碗里夹了菜："小熊怎么突然想写童话了？"

"因为动物小镇最近要举办写童话大赛，小动物们都想参加。"小熊的语气明显弱了很多，有些不自信，"我也想参加。"

妈妈想了想："写童话，最主要的是要有爱。童话可以是虚构的，但爱要是真诚的。"

那到底什么是爱呢？吃过饭后，小熊躺在自己的小床上，反过来滚过去地思考着什么是爱。

小熊自言自语："妈妈爱我，就给我做好吃的饭菜，给我买玩具和新衣裳。有一次，我生病，妈妈急得不得了，背着我就跑到了医院，这肯定也是爱。那我犯错误，不好好写作业，妈妈骂我惩罚我，这是不是爱呢？我想，这应该也是爱吧，只不过是另一种表现形式。"

"那我也爱妈妈啊，我帮妈妈扫地，为妈妈洗脚。看来爱真是太奇妙了，爱真的是无处不在！"想到这，小熊就有了基本的写童话的思路。小熊开心地进入了梦乡。

写童话大赛的日子到了，小动物们都走进了考场。小熊坐在座位上，眼前是一支笔和几张白纸。河马老师说："请大家以'爱'为主题，创作一篇童话，限时一个半小时，大家开始创作吧！"

小猴有些犯难："我虽然听了很多童话，但都是妈妈给我讲的睡前童话，有些故事还没听完，我就睡着了。童话到底该怎么写啊？"

梅花鹿奋笔疾书，不一会儿就写了满满一张纸。花仙子看了，不免有些羡慕："书看得多，就是不一样！"其实，这根本不是梅花鹿创作的，她只是把以前读过的一篇关于爱的童话，一字不差地写在了纸上。

山猫写的倒是故事，不过这是一篇脑洞大开的故事，甚至写到了宇宙、外星人和飞碟，不过跟"爱"这个主题可是一点都不搭边。

小熊也快写完他的童话了，在他的童话里，有一只胖胖的、笨笨的小象，还有一只爱他的大象妈妈。他们一起经历了很多有趣的事情。在童话的最后，小熊这样写道："小象问妈妈，你爱我吗？大象妈妈用长长的鼻子拍了拍他的头，没有回答他。小象知道了，因为这么多年，妈妈早已用'爱'作为了回答。"

最后，经过评委老师的一致认可，小熊获得了第一届写童话大赛的冠军。小熊站在领奖台上，向妈妈挥舞着手里的奖杯。小熊妈妈太感动了，不由得湿润了眼眶。

小熊想："妈妈，以后，我会更加爱你的，比你对我的爱还要多！"

写作参考示例点拨

到底怎么样才能写出一篇好童话来呢？一定要有爱，但也要多读、多写。本文有一处运用了对偶手法，使得语言简洁凝练。

18.跟唐诗宋词学照应手法

模仿范本

唐·齐己

万木冻欲折,孤根暖独回①。

前村深雪里,昨夜一枝开。

风递幽香去②,禽窥素艳来③。

明年如应律④,先发映春台⑤。

◈**作者简介**

齐己(863－937),出家前俗名胡得生,晚年自号衡岳沙门。唐朝晚期著名诗僧,诗风古雅,格调清和,被历代诗人和诗评家所赞誉。有《白莲集》传世。

◈**注释**

①孤根:这里指梅树的根。孤:突出其独特个性。暖独回:指阳气开始萌生。

②递:传递。幽香:幽细的香气。

③窥:偷看。素艳:洁白美丽,此处指白梅。

④应(yìng)律:此处指按季节的意思。

⑤春台:清幽的游览之地。

◈**译文**

万千林木禁受不住严寒将要被摧折,梅树的根汲取地下暖气生机勃勃。

皑皑白雪笼罩着山村乡野,昨天夜里一枝梅花却独自绽开。

微风传递着梅花幽细的香气,素雅洁白的姿态禽鸟忍不住偷看。

如果明年梅花还能按季节绽放,希望它开在清幽的游览之地。

写作技巧妙梳理

照应,是一种为使文章气血贯通、脉络清晰的写作手法。可以使文章内容衔接紧凑,结构严谨。常见的照应方法有三种:首尾照应、前后照应、文题照应。

《早梅》一诗便运用了文题照应的写作手法,即围绕题目反复照应。这样可以使全诗紧紧围绕着一个中心点"早梅"展开,突出了早梅不畏严寒、傲然独立的品格。这是一首很有特色的咏物诗。

写作技巧小练笔——情景小剧场

同学们,你们喜欢看神话故事吗?例如我们从小就看的《西游记》。神话故事当然是假的,但其中要表达的道理和情感,却是真实的。拿起纸笔来,写一段关于神话的文字吧,记得要运用到照应这一写作手法哦,可以是首尾照应、前后照应、文题照应。

写作参考示例

人参娃娃

风吹了一阵,长白山上的树叶就发出了一阵沙沙声。今晚的月色真美啊!一轮明月挂在星空上,那么多的星星点缀在月亮的旁边,映衬得刚刚好。在星空之下,有一个胖胖的、穿着红兜肚的人参娃娃,他躺在地上,跷着二郎腿,嘴里还叼了片叶子。

"你说,为啥总有人抓我们呢?"人参娃娃把叶子嚼碎了,啐了一口。

树上又有了一阵沙沙声,上面还有一个人参娃娃,不过她是个女娃娃。她的脸蛋是红扑扑的,头顶上的小辫子也编得工工整整。她一骨碌跳到了地上,又连忙拍了拍自己身上的兜肚。

"还能为啥?咱人参有极高的药用价值。可入药,可泡酒,可炖汤,用处可大呢。"参女娃接着说,"长白山适合咱人参的成长,也不知道是谁先发现的,然后就传开了,抓咱们的人也就越来越多了。"

人参娃娃沉思了片刻,笑着说:"还好咱俩已经长了近千年,有了灵性,又在长白山的天池里,得到了天池的能量,人类是抓不到咱们的。"

人参娃娃握着参女娃的手,奔跑开来:"长白山天大地大,任我们逍遥自在。"两个人参娃娃在林木间肆意穿梭,笑声如铜铃般回响在长白山里。

每天,仍有许多人来到长白山上采人参,有的人采到了,就兴高采烈地回去;有的人一无所获,就灰头土脸地回去。人参娃娃注视着这一切,轻蔑地摇了摇头。他们知道,这些人采到的人参都是刚刚长成的,药用价值很小。人参娃娃心想:"只有我和参女娃的药用价值才大,我们修炼了千年。"

有一天夜里,人参娃娃和参女娃在天池里游泳,两个人参娃娃浮在天池的水面上谈天说地。突然,一阵婴儿的啼哭声传来,哭声越来越大,听得人揪心。参女娃问人参娃娃:"你听到婴儿的啼哭声了吗?"

人参娃娃回答:"这么大的哭声,我又不聋,咋听不到。但是咱别管,也别去看。多一事不如少一事。"没等人参娃娃说完,参女娃就游出了天池,朝传来哭声的地方跑去。人参娃娃一看参女娃跑了,就去追她,人参娃娃一边追一边喊:"停下! 说不定这是人类的圈套。"

在一块空地上,有一个被小花被裹着的婴儿,婴儿憋红了脸,一个劲儿地哭。参女娃抱起了婴儿,像一个妈妈般微微地摇晃着,婴儿的哭声渐渐弱了,后来干脆就不哭了,一双大眼睛愣愣地看着女娃娃,然后破涕为笑。

"你看,你看啊,小娃娃对我笑了。"参女娃托起婴儿给人参娃娃看,人参娃娃把脸转到一边:"我才不看,人类的小孩子有啥好看的,还能有我们小人参娃娃好看吗?"但人参娃娃还是偷偷地瞥了一眼。

"这个婴儿,应该是被山下的村民遗弃的吧! 人参娃娃,你会看病,你给看看,是不是这个婴儿得了什么病啊。"

"我不看,我不管,他们人类吃了我们那么多人参,我才不给他们的孩子看病呢。"人参娃娃表示拒绝,但还是不由自主地给婴儿号起了脉,人参娃娃的脸阴沉下来。号完脉,人参娃娃拍了拍自己的小肚腩,说:"这个婴儿得了很严重的肺病,没得救了,活不过今晚了。"

参女娃听到后,眼眶不由湿润起来:"那咱也不能看着他死掉啊,你想想办法,救救他。"

"除非……除非把我,或者你,给他吃掉,他才会病愈。"

参女娃陷入了沉默,人参娃娃一把将婴儿从女娃娃的怀里拽了出来,轻轻放到地上。"走吧走吧,让他生死有命富贵在天吧。"

参女娃跟着人参娃娃往山林里走去,参娃边走边回头,婴儿还躺在那里,只是在自己的视野里越来越小。

翌日,参女娃一大早就起来了,跑去看那个婴儿,考虑了一夜,她想把自己喂给婴儿吃掉。婴儿还躺在那里,不过面色红润,跟一个正常的婴儿并无二样。参女娃心想:"这是怎么回事? 人参娃娃不是说,这个婴儿活不过昨晚了吗?"参女娃面露怒色,"难不成是他误诊了,人家婴儿本来就没病。"

参女娃气汹汹地去找人参娃娃,不过人参娃娃并没在家,参女娃又去了天池和平常他们在一起玩的所有地方,人参娃娃都不在。人参娃娃去哪里了呢?参女娃几乎把整个长白山都翻了个底朝天,也没有找到人参娃娃。

山里又来人了,不过只是一个穿着朴素的女人,哭得像个泪人。参女娃悄悄在后面跟着她。女人看到了被小花被裹着的婴儿,顿时扑了过去,紧紧地抱在怀里。"儿啊,娘来接你回家了,你爹不要你,娘要你,娘带你回去看病。"女人一边说一边把脸贴在婴儿的脸庞上。

看着婴儿健康地笑着,摸着娘的脸,参女娃知道了,一定是人参娃娃后来又折返回来,把自己喂给了婴儿。参女娃的泪涌出了眼眶:"你不是不救他吗?你不是在意他是人类的孩子吗?你怎么还把自己牺牲了呢?"

"别哭了,你哭得太难看了。"

"人参娃娃,你在哪呢?快出来!"参女娃擦了擦眼泪,哽咽地喊着。

"我现在太虚弱了,你还看不到我,等个百八十年之后,我就回来了。"

"那么久,那你快点回来。对了,你为啥要救那个婴儿啊?"

参女娃喊了很久,也没有听到人参娃娃的回音。

后来,还是有很多人来到长白山采人参,还是有那么多的夜晚,月亮挂在星空之上,星星点缀在月亮的旁边,映衬得刚刚好。

参女娃娃躺在树枝上:"你说,人类为啥总抓我们人参呢?"

人参娃娃躺在地上,跷着二郎腿,拍了拍自己的小肚腩:"因为人参可以治病救人啊!"

写作参考示例点拨

这篇神话故事,同时运用了首尾照应和文题照应,使得文章脉络清晰,内容严谨。处处点题,突出了人参娃娃的善良和敢于牺牲奉献的伟大精神。

19.跟唐诗宋词学排比手法

模仿范本

唐·李白

君不见黄河之水天上来,奔流到海不复回。君不见高堂明镜悲白发,朝如青丝暮成雪。人生得意须尽欢,莫使金樽空对月①。天生我材必有用,千金散尽还复来。烹羊宰牛且为乐,会须一饮三百杯②。

岑夫子,丹丘生,将进酒,杯莫停。与君歌一曲,请君为我倾耳听。钟鼓馔玉不足贵③,但愿长醉不愿醒。古来圣贤皆寂寞④,惟有饮者留其名。陈王昔时宴平乐,斗酒十千恣欢谑。主人何为言少钱⑤,径须沽取对君酌⑥。五花马⑦,千金裘,呼儿将出换美酒⑧,与尔同销万古愁。

◈注释

①樽:古代的盛酒器具。

②会须:应当。

③馔(zhuàn)玉:像玉一样珍美的食品。

④寂寞:指默默无闻,得不到重用。

⑤主人:指宴请李白的人,元丹丘。

⑥径须:直须、应当。沽:买酒。

⑦五花马:指名贵的马。

⑧将出:牵出,拿出。

◈译文

你难道看不见,黄河之水从天上奔腾而来,直奔东海,再也不回来。你难道看不见,年迈的父母,对着明镜悲叹自己的白发,年轻时的满头黑发如今已是一片雪白。人生在得意之时就应该尽情欢乐,不要让这金杯里无酒空空地对向明月。每个人的存在都一定有他自己的价值和意义,黄金千两花没了,它也还是能够再得来。我们烹羊宰牛暂且作乐,今天要一次性痛快地饮它三百杯!

岑夫子,丹丘生啊,请二位快点喝酒吧,举起酒杯不要停下来。让我来为你们高歌一曲吧,请你们为我注意倾听。整天吃山珍海味的生活有什么珍贵,只希望醉生梦死不愿清醒。自古以来圣贤都是冷落寂寞的,只有那会饮酒的人才能够留传美名。陈王曹植当年宴设平乐观的事迹你可知道,斗酒万千也能豪饮,让宾主尽情地欢乐。主人呀,你为何说我的钱不够?只管买酒来让我们一起痛饮。名贵的五花良马,昂贵的千金狐裘,快叫侍儿拿去统统换来美酒,让我们一起来消除这无穷无尽的万古的忧愁!

写作技巧妙梳理

排比,是把结构相似、意思密切相关、语气一致的词语或句子成串排列的一种修辞手法。用排比来说理,可以起到条理分明的表达效果;用排比来叙事,能使层次清晰,形象生动;用排比来抒情,可以使节奏和谐,感情洋溢充沛。

把三个或以上意义相关、结构相似、语气相同的词组或句子并排在一起组成的句子,便是排比句了。有时候两个或两个以上的并列句子也可以称为排比句。

在李白的这首《将进酒》中,开头两句便是情况较为特殊的排比句,是由两个并列句子组成。生动形象地体现出了李白的情感奔放,肆意洒脱。也使得全诗气势豪迈,语言流畅,感情充沛,具有很强的感染力。

写作技巧小练笔——情景小剧场

同学们,你们知道"蚕"这种昆虫吗?你们是否曾观察过它呢?不过,你们一定听过"春蚕到死丝方尽"这句诗吧?不如写一段关于蚕的文字吧,记得要用上排比这个修辞手法哦。

写作参考示例

醉饮的蚕

提笔,忧伤便如醉饮的蚕。时光飞速地流逝,仿若蚕把仅有的丝也吐尽。没有丝的蚕会怎样呢?我看向天空,天蓝得浩荡,没有飞鸟,也不会有彩虹。答案呢?不会有人在意了。

于是常在夜晚感到惊恐，害怕一个人，又时常一个人。心跳如同木鱼声声敲响，会度我一世安稳和慈悲吗？我不知道，只是常把心掏出来，拧干，再晒一晒，然后硬塞回去。泪自是不会再流了，疼自是可以被忽略的。

还是如以往一样：读诗、写诗和发呆。不知从何时起，文字开始变得忧伤。看到盛开的花，却联想到它凋败后的凄惨，相聚的欢愉也终将在离散后消退。一切美如昙花一现，一切苦，却时常再现。也许年少的忧伤和愁绪才更显诗意吧，后来，我躲起来写诗。

在空白的纸上，该画一幅画，还是写一段文，或是留一个吻痕。我想把太多的东西填进去，直到我发现自己一无所有，连自己也变得单薄、泛白。还是让风从纸面上倾轧过去吧！听我的，让它在风中飘荡，直到遇到火源，灰才是它本身的颜色。

为一个人，奔赴一座城，那人也来奔赴你的城，或在途中相遇，或在彼此的城中安营扎寨。太多悲伤的结局，太多的错过，太多的不舍和诀别。后来我们学会了伪装，伪装自己一切安好，后来我们自己竟也深信不疑。为什么要马不停蹄地奔赴一座城？为什么要一次又一次地错过？我们还没有找到答案。

于远方处，寻觅远方；于幸福处，提醒幸福；于诗歌中，找寻过往。我写了很多的诗，还是没办法变得含蓄，还是那么突兀地表达思念。灯火依旧，夜雨涨满莲池，于亭中相望月光，也于此地，彼此相忘。相濡以沫，不如相忘于江湖。

如果可以，我要选择我们不曾遇见，因为少了这一份缘起，就少了那断肠的缘落。忧伤的歌听了一遍又一遍，我不介意，再重听一遍，也不介意把情意再咀嚼一遍，如此反复，直到自己成了醉饮的蚕，把自己困住，忘记了飞舞的使命。

慢慢成长，后来很多不懂的，自然而然地就懂了。本来懂得的，又开始学着糊涂了。我们在成长中适应这个世界，偶尔有些疲累。但生活在不断地轮转，不断地悲喜交加，不断地聚散离合。只要努力前行，生活便会留下绵长的回音。是蚕，就有破茧成蝶的那一刻。

写作参考示例点拨

这是一篇关于成长的文章，当我们开始成长，就会有烦恼和愉悦，就会经历很多新奇的事。不过，不要怕，时光会让我们慢慢懂得，关于生活的一切。是蚕，就会有破茧成蝶的那一刻。

20.跟唐诗宋词学移情手法

模仿范本

宋·苏轼

丙辰①中秋,欢饮达旦②,大醉,作此篇,兼怀子由③。

明月几时有? 把酒问青天。不知天上宫阙,今夕是何年。我欲乘风归去,又恐琼楼玉宇④,高处不胜寒。起舞弄清影⑤,何似在人间。

转朱阁⑥,低绮户⑦,照无眠⑧。不应有恨,何事长向别时圆? 人有悲欢离合,月有阴晴圆缺,此事古难全。但愿人长久,千里共婵娟⑨。

◈注释

①丙辰:本词为苏轼在宋神宗熙宁九年(1076)所作,这一年是丙辰年。苏轼在政治上不太顺利,和弟弟苏辙(字子由)已经有七年没有团聚,心情郁闷可知。

②欢饮达旦:借酒行乐,通宵畅饮。

③兼怀子由:同时表达对弟弟子由的想念。

④琼楼玉宇:指月宫,即前文所说的"天上宫阙"。

⑤弄清影:舞弄孤单的身影。

⑥转朱阁:转过红色阁楼。

⑦低绮(qǐ)户:低低地透过雕花的窗户。

⑧照无眠:照着无法入睡的人。

⑨婵娟:本义指妇女姿态美好的样子,这里指月亮。

◈译文

丙辰年的这个中秋节,借酒行乐,通宵畅饮。喝到大醉,写了这首词,同时思念弟弟苏辙。

这轮明月从什么时候才开始出现的? 我端起酒杯遥问青天。不知道在天上的宫殿,现在是何年何月。我想要乘御清风回到天上,又恐怕在美玉般的月宫,受不住高耸的寒冷。翩翩起舞舞弄着孤单的身影,哪里像是在人间!

明月转过朱红色的楼阁,低低地透过雕花的窗户,照着没有入睡的自己。明月不该这样无情,为什么总在人们分离的时候圆呢?人有悲欢离合,月有阴晴圆缺,这种事自古以来难以周全。祝愿异乡的亲人天长地久,幸福安康。虽远隔千里也能共赏一轮美好的月亮。

写作技巧妙梳理

移情,是为了突出某种强烈的感情,作者有意识地赋予客观事物一些与自己的感情相一致,但实际上并不存在的特性。运用移情的修辞手法,首先将主观的感情移到事物上,反过来又用被感染了的事物衬托主观情绪,使人物一体,能够更好地表达人的强烈感情,发挥出修辞效果。

在苏轼的这一首词中,下阕便运用了移情的修辞手法。将词人的主观情感移到了月亮上,反过来又被月亮的圆所感染了情绪。"何事长向别时圆"这一句最为凸显,为什么总在人们分离的时候,月亮变圆呢?以及"人有悲欢离合,月有阴晴圆缺"将人事翻覆、自然变化融为一体,同时紧扣中秋赏月的主旨。该词的结尾,在有限的个人情感世界里大踏步超越出来,放眼人间,发出最衷心的祝愿。

写作技巧小练笔——情景小剧场

同学们,学过了移情这一修辞手法之后,是不是迫不及待地想写一段文字了呢?那么就好好构思一下,开始你们的小练笔吧!记得这段文字中应该要出现客观事物哦,因为这是移情修辞手法所必然需要的。

写作参考示例

原来你是这样的小孩

"原来卡罗是这样的小孩,真是可恶至极,上帝一定会惩罚他的,他一定是魔鬼撒旦的后代。"威特先生站在办公桌前愤愤不平地说。

弥撒小姐坐在椅子上,委屈地哭了起来。在她的左胳膊上印有一排清晰可见的紫色牙印。弥撒小姐皱着眉，小心翼翼地吹着，希望这清凉可以减少一些疼痛。

"要不要去医院包扎一下，弥撒小姐。"

"不必了，十分感谢你的关心。"

威特先生见状，便走回到自己的办公桌前，拿起那杯已经凉了的咖啡，喝了一小口，然后好像在思索一些事。

就在刚刚，弥撒小姐在上课期间竟然跑回到了办公室，然后哭得一塌糊涂。办公室里的其他教师都在上课，只有威特先生在煮咖啡。威特连忙走到了弥撒小姐身旁，询问："您这是怎么了？"

弥撒小姐哽咽着说："我正在上课，讲的是蝴蝶的由来。我告诉同学们，首先它是一个虫子，然后要在树上作茧，一段时间后，便会破茧成蝶。变成美丽的蝴蝶，自由地飞舞。威特先生，难道我讲错了吗？"

威特先生立即答道："你讲得完全正确，你的教学质量那是没的说，就连校长都多次夸赞你呢！"

"但是先生，卡罗同学听我讲完后，竟然跑过来恶狠狠地咬了我一口。用一双充满愤怒的眼睛瞪着我。"

"他真是个小坏蛋。"

"我一定要找班主任，讨回公道。"弥撒小姐咬着牙冷冷地说。

弥撒小姐找到了班主任布卡女士，并向她讲述了事情的经过。

布卡女士微笑着说："弥撒小姐胳膊上的牙印已经消得差不多，你不说我都没有发现。何必跟一个小孩子生气呢？你也知道，卡罗平常都是沉默寡言的，今天的所作所为一定是有缘由的。我代替卡罗同学，向您真诚地道歉，恳求您的谅解。"说完，布卡女士向着弥撒小姐深深地鞠了一躬。

弥撒小姐连忙扶起布卡女士，说："好吧，看在您的面子上，我就原谅他了。"

布卡女士也感到很奇怪，为什么卡罗今天如此反常呢？她走到班里，把卡罗叫到了自己的办公室。

卡罗礼貌性地向布卡女士问好，然后低着头，笔直地站着，好似罪人在接受惩罚的宣判。布卡女士拍了拍卡罗瘦弱的肩膀，笑着说："能和老师讲讲在你眼中蝴蝶是什么样的吗？"卡罗沉默了片刻，缓缓地说："当然，但您要替我保密。"

布卡女士点了点头，像是一个孩子在听妈妈讲睡前故事。

"两年前，我的妈妈患上了恶疾，医生说是胃癌晚期，化疗已经起不到作用。癌细胞已经遍布全身，医生建议不必接受治疗，只会徒增痛苦。我的父亲同意了，于是医生只开了些止痛的药。回到家后，我的妈妈没有对病魔有太多恐惧，而是仍在保持微笑，尽管笑得面部有些扭曲。我问妈妈疼不疼，妈妈咬着发白的嘴唇，说不疼。"

"那是半个月后，妈妈已经几乎不能进食，只能喝下一些水。我们都希望妈妈可以战胜病魔。可是，我妈妈的病情却越来越严重了。每天我都在妈妈的床边守护着，我怕她会离开我。那时，妈妈说话的声音已经极其微弱了。我只有把耳朵放在她的嘴边才能听清。"

"有一次妈妈说：'卡罗，我可爱的孩子。我要睡去了，你千万不要难过，也不要太悲伤。妈妈只是去到了一个美好的地方。你要乖，你要好好地成长。我会变成蝴蝶回来看你的。当你看到蝴蝶的时候，卡罗，你要知道，那是妈妈想你了。'说完，妈妈就闭上了眼。我叫她，她没有答应，她睡觉了。"

"去年的春天，我看到了，那些美丽的蝴蝶从天边飞来，围绕着我飞舞。你绝对不知道，它们落在我的手上，好似妈妈的手抚摸着我。老师，你知道了吧，蝴蝶才不是什么大虫子变来的，它们是我的妈妈，是我美丽的妈妈！"卡罗不知道何时已经哭了，现在的他泪如雨下。

布卡女士的脸上也有了几道泪痕。她蹲下来抱住卡罗，相拥而泣。

卡罗走在回家的路上，一抹夕阳，一缕余晖。远处飘来几只蝴蝶，在卡罗的身边飞舞。

布卡女士喃喃自语道："原来你是这样的小孩。"

写作参考示例点拨

通读本文会发现，作者运用了移情的手法，将妈妈的思念和爱，移情到了蝴蝶身上。当蝴蝶围绕着卡罗飞舞，也就是说，妈妈在想念卡罗。通过移情手法，将这种情感表达得更为强烈了。

21. 跟唐诗宋词学反语手法

模仿范本

渡汉江^①

唐·宋之问

岭外音书绝^②，经冬复历春^③。

近乡情更怯，不敢问来人。

❖**作者简介**

宋之问(约 656—712)，字延清，又名少连。唐代诗人，"仙宗十友"之一，与沈佺期并称"沈宋"。宋之问的诗大多是歌功颂德之作，文辞华丽，自然流畅，对偶整齐，对近体诗的形成和发展做出了较大贡献。

❖**注释**

①汉江：江水，长江最大的支流。

②岭外：指岭南，唐代常做罪臣的流放地。

③历：经过。

❖**译文**

流放岭南与亲人断了音信，熬过冬天又要经历新春。

越走近故乡心里就越是胆怯，不敢打听从家那边过来的人。

写作技巧妙梳理

反语，又称"倒反""反说""反辞"，是指正话反说或反话正说，可以理解为"说反话"，是一种带有强烈情感色彩的修辞手法。与直白的表达相比，反语更为有力，语气也更为强烈，情感也更加丰满，同时，也能给读者留下深刻的印象。

在《渡汉江》一诗中，便运用了反语的修辞手法，后两句是写思乡之情，却正话反说，越走近故乡越是胆怯，也不敢打听家那边过来的人。原意应该是越走近故乡越心生欢喜，要去打听从家那边过来的人。运用反语后，反而更好地表达出了作者的思乡之切。这两句诗也由此成了千古名句。

写作技巧小练笔——情景小剧场

亲爱的同学们，你们是不是也觉得反语这个修辞手法很有趣呢？在我们的对话或写作中，往往是采用直白的叙述，偶尔使用反语，或许会增添许多的趣味。那么请才思敏捷的同学们，运用反语来写一段文字吧！

写作参考示例

听听风声

一个小小的酒馆，来往的皆是客。酒馆的主人叫憨憨，人实在又爱笑，客人便都爱到憨憨这来喝酒吃菜。憨憨有一个小女儿叫风铃，风铃爱唱歌，别看风铃年纪小，唱的歌可不赖，客人们都爱听。但风铃却是不常在酒馆里唱的，她喜欢在田野里、山丘上和花园里唱，她觉得花草树木、蓝天白云和湖水山川更能听懂自己的心声。

风铃喜欢食素，最见不得杀生。可酒馆基本每几天就要杀一头猪、两只羊，杀这些牲畜的是酒馆里的厨师老梁，风铃是最怕见到老梁的，说不上是厌恶还是恐惧。老梁是外地人，爹娘死得早，无亲无靠的，就出来闯荡了。老梁的爹生前是厨子，老梁没少跟着学，慢慢地也就学会做菜了。憨憨偶然间结识了老梁，便喝了一顿酒，把老梁留下了，又腾出了后院的一间房给老梁住。风铃住的屋和老梁挨着，但风铃从不跟老梁说话，风铃跟爹说老梁的身上有血腥味。

风铃的娘生出风铃后，就大出血死了。风铃没见过自己的娘，但风铃常常会梦到自己的娘，看不清脸，娘就背对着风铃和她说话。天亮了，风铃快要醒了，娘就变成了一只蝴蝶飞走了。风铃知道，等到晚上，娘还会从蝴蝶变回来，再进入到她的梦里。风铃不知道什么是死亡，当她看到一只蚂蚁不动了的时候，她想蚂蚁已经离开了自己小小的身体，变成了树上的一颗杏，或者成了一阵清风。在风铃看来，离开的，都会以另一种我们想不到的方式回来。

有一条窄窄的河，河里有很多条红色的鱼。风铃会在天气好的日子里，带着两个雪白的馒头去河边。把馒头分成许多的小块，扔进河里，看着鱼游出水面吃着馒头，吃饱后鱼会又散开，重新游回了河里。风铃也会原路返回，因为太阳快下山了，要赶在天黑前回到酒馆,不然爹就要担心了。

憨憨会酿酒,祖传的手艺。憨憨原本打算把酿酒方子传给风铃,以后自己老了,也好让风铃来打理酒馆。可风铃不愿闻酒味,说以后要把酒馆改造成素食馆,憨憨听后,免不了有一些惆怅,憨憨怕酿酒方子失传,怪可惜的,就把酿酒方子给了老梁。说以后自己老了,就让老梁自己去重新开一个酒馆,自己生活。老梁听后很是感动,炒菜便更加用心,酒馆的生意也就越来越好了。

风铃后来长大了些,也就不经常躲着老梁了,有时候还会和老梁说上几句话。老梁说自己的菜做得好吃,红烧肉是自己的拿手好菜,就做给风铃吃,风铃不想吃。风铃说,见不得杀生,也就吃不下肉。老梁便劝风铃说,哪个人不吃肉,肉香着呢,有肉你不吃,穷人家的孩子还吃不上这么好的东西呢。憨憨正好听到了,就说:"这丫头真是个会享福的命! 来老梁,把红烧肉端我屋里,我再烧上二两酒,咱俩喝点。"

风铃有个好朋友,叫冯小,冯小家是卖米的,日子过得也不错。冯小腿瘸,生下来就有毛病,冯小的爹娘找了无数的大夫也没有看好。没人愿意和冯小在一起玩,同龄的人都嘲笑冯小,欺负他。风铃看不惯,风铃愿意和冯小在一起玩,冯小虽然腿瘸,但人好,慢慢地两人就成了无话不谈的好朋友。风铃说,你就把我当成你的拐杖,以后我要带你去很远很远的地方,远方啊,多么令人向往。冯小话不多,更多的时候是风铃在说,冯小在一旁安静地听。风铃唱歌的时候,冯小会小声地和音。

风铃在她十五岁那年生了一场重病,吃了很多服汤药,休养了半年后,才有了好转。老梁怕风铃的身子太虚弱,扛不住,就偷偷地在风铃的饭食里倒了些肉汤、肉糜。风铃的身体一天天地好转了起来,憨憨的脸上也渐渐有了笑模样。一场大病烧坏了风铃的嗓子,她再也唱不出以前动听的歌声了。唱不了歌的风铃,总觉得少了点什么。

更多的时候,风铃会把窗户打开,坐在窗户边,听听风声。风吹来春夏秋冬,风吹走了春夏秋冬。风把光阴吹得嘎吱嘎吱响。憨憨老了,老梁在几年前娶了妻,便离开了酒馆,自己开了间新的酒馆。听说前年生了一个大胖小子,老来得子的老梁别提有多高兴了。风铃吃素了很多年,自从老梁走后,风铃自己便成了厨师,酒馆改成了素食馆。生意并不是很好,但还能维持下去。素食馆很安静,来吃饭的人也安静。只是在门口的地方挂了一串风铃，风一吹，风铃就开始发出悦耳的声音。风铃这时候会趴在柜台上，看着外面，听听风声。

一个小小的素食馆，来往的皆是客。客从何处来，客往远方去。风铃托付给每一个客人一件事，等到客人从远方回来时，一定要告诉她远方到底是什么样子的，毕竟这是她小时候的愿望。憨憨看到风铃又对着风自言自语，憨憨说，真是一个傻丫头，是一个不会享福的命。

有风吹起了风铃的裙摆，裙摆像一朵花盛开了。

写作参考示例点拨

"这丫头真是个会享福的命！"此句便运用了反语，结合上下文的情境，憨憨所要表达的，其实是说风铃是一个不会享福的命。此处为正话反说，却更好地体现出了风铃独特的人物性格，增添了人物本身的魅力。

22.跟唐诗宋词学借景抒情手法

模仿范本

秋宵月下有怀

唐·孟浩然

秋空明月悬,光彩露沾湿①。

惊鹊栖未定②,飞萤卷帘入③。

庭槐寒影疏,邻杵夜声急④。

佳期旷何许⑤,望望空伫立⑥。

◉作者简介

孟浩然(689—740),字浩然,唐代著名的山水田园派诗人,世称"孟襄阳"。因他未曾入仕当官,又被称为"孟山人"。他的诗多写隐居、山水田园的生活和羁旅行役的愁情,内容狭窄,风格恬淡,意境清远,擅长五言诗。他的诗与王维齐名,后人将其与王维并称为"王孟",有《孟浩然集》三卷传世。

◉注释

①沾:润湿。

②栖:栖息。

③卷帘:即竹帘,可以卷起,故称卷帘。

④杵:舂米、捣衣用的棒槌。此作动词,指捣衣。

⑤佳期:原指与佳人约会的日期,后泛指欢聚之日。旷:远。何许:何处。

⑥望望:望了又望。伫立:久久站立。

◉译文

一轮明月高高地挂在天空,月光映衬露珠晶莹剔透,好像被露水打湿了一样。

在如此美丽的月光下,寒鹊不知道该到哪里栖息,萤火虫也不敢和月光争一点光亮,随着竹帘飞进了房间。

院子里只剩枝丫的槐树落在月光下的影子,稀疏凄凉,这个时候从邻居那边传来的杵声,在寂静的秋夜里显得那么清晰急躁。

如何去约定相聚的日子,只能惆怅地望着同样遥远的月亮,什么事也做不了,就那样傻傻地站着。

写作技巧妙梳理

借景抒情,是指作者带着强烈的主观感情去描写客观事物,把自身所要抒发的情感借助景物表达出来。情景交融,浑然一体。采用这种写法,可以创造出一种物我合一的艺术效果,也可以更好地表达作者的情感或心情。写景是为了抒情,所以说,抒情是主,写景是次。

借景抒情与托物言志不同,托物言志是指作者通过描写的事物来表明心迹,其对象是一些具有象征意味的客观事物,而借景抒情中的景物多是指自然风景。

在孟浩然的这一首诗中,通篇几乎都在写景,但无不是在抒情。作者借景抒情,表达出了身在异乡,在月夜时分对亲人的思念之情。情景交融,浑然一体,犹如王国维所说的"一切景语皆情语"。

写作技巧小练笔——情景小剧场

同学们,好好回想一下,我们之前看到的很多古诗、散文,是不是都运用了借景抒情的写作手法了呢? 例如李白的《宿巫山下》和《北风行》、王维的《山居秋暝》等。我们是不是也迫不及待地想写一段文字了呢? 描写一段能让其抒发出情感的景物吧!

写作参考示例

那些树

我喜欢树,喜欢果树,也喜欢那些不结果子的树。城市里的树很少,甚至方圆几里都看不到一棵树,便总会想起小时候,在农村快乐地生活。农村最不缺的便是树了,树在我的少年时代留下了很多美好的回忆。

儿时,我家有一个很大的院子,就在院子里的某处角落种了好几棵果树,有海棠、李子和杏子。父亲总会细心地打理这几棵果树,所以果树一直长得很好。春天的时候,果树就开花了,尤其是海棠树,会在枝条上开出一朵朵小白花或粉红色的花朵。凑近去闻,还会闻到淡淡的芳香。在下过一场春雨后,海棠树下落了一地的花瓣,那是春天独特的美。

入夏,果树就开始结果了,但果子还没有成熟。馋嘴的我会忍不住摘下几个海棠果,吃到嘴里很酸,不熟的李子和杏子是不能吃的。快到秋天的时候,果子就成熟了,但摘果子的时候要很小心,因为果树上会有很多蜇人的虫子,如果被蜇到便会疼痛难忍。这时候的海棠果已经不酸了,并且会很甜脆。李子和杏子的里面都有一个大大的核,我经常会把那些吃剩的核留着,然后种到地里,期盼着可以发芽,然后长出树苗,但一次也没有发芽。那些果子就是我童年的零食了。

我生活的那个村子旁边有很多杨树林,我会和父亲一起去林子里放牛。树林里有很多鸟,叽叽喳喳叫个不停,我总会被那些叫不出名字的鸟吸引。玩累了,就靠在一棵树旁睡觉。我也会和母亲去林子里采蘑菇,那当然是下过一场雨之后了,蘑菇通常会长在那些枯叶下面。母亲说,以前这树林里是有很多野兔和野鸡的,但现在已经很少了。

在村子里有一棵长了几十年的老槐树,夏天的时候,老槐树提供了足够大的树荫,村里的人经常会坐在老槐树旁唠家常,那些老爷爷们会在老槐树旁下象棋,孩子们也喜欢去老槐树那里玩耍。

后来,我们离开了农村,去了城里,再然后我们在城里安了家,农村的人和事就渐渐地被遗忘了。但那些树却生长在了我的生命里,在我的灵魂深处扎根生长。

看一棵树,看它生长的绿意和凋落的枯黄,看它四季的轮回和静默。有时候,想成为一棵树,默默奉献,没有悲欢。那些树,那些无忧的岁月,只是在我的成长中,渐行渐远。不过还好,它们在我的记忆里,在我的生命里,继续生长。

写作参考示例点拨

本文多处写景,写了乡村的树。借景抒情,通过树这一景物,抒发出了作者对故乡、对儿时生活的怀念和热爱之情。情景交融,透过作者的回忆,我们感受到了真情实感的流露。

23.跟唐诗宋词学留白手法

模仿范本

唐·贾岛

松下问童子①，言师采药去②。
只在此山中③，云深不知处④。

⊛作者简介

贾岛（779－843），字阆仙，一说浪仙。早年出家为僧，号无本，后还俗。唐代诗人、儒客大家，人称"诗奴"，又被称为"苦吟诗人"。贾岛善写五言律诗，以苦吟著称，有"两句三年得，一吟双泪流"的名句。其诗"清奇僻苦"，自成一格，著有《长江集》。

⊛注释

①松下：站在松树下。童子：未成年人，一般指侍童。

②言：说。师：师父。

③此：这，近指。

④深：厚。不知处：不知去处。

⊛译文

在松树下，我问童子："师父哪里去了？"童子回答："师父上山采药去了。"
他就在这座山中，由于山高云重，却不知道具体在什么地方。

写作技巧妙梳理

留白，即是指给人无尽的遐想和想象空间，在本质上与绘画是相通的。"无声胜有声"，便是对留白的最好写照。留白是一种隐约含蓄的写作手法，常见的有结尾留白，这可以让读者自行想象故事的结局，也算是一种再创作。留白可以体现美感，增强魅力。

《寻隐者不遇》一诗中，便运用了留白这种写作手法。全诗构思巧妙，通过两人一问一答，就绘出一件访友轶事。"采药去""此山中""不知处"，虽然没有一笔直接写隐者,却让一位隐居山林、采药济世的高人形象跃然纸上,在白云、高山、青松的映衬下更显得仙风道骨,与这样一位隐士为友也足见作者的人生追求了。这首诗的巧妙之处,便是运用了留白,虽然只有短短四句,却留给读者无尽想象的余地。

写作技巧小练笔——情景小剧场

同学们,你们相信女巫的存在吗?我们一定读过很多关于巫婆、女巫的故事,在你们看来,女巫是不是都有一副恶心肠呢?写一段关于女巫的文字吧,记得要用上我们刚学的留白这一写作手法哦。

写作参考示例

女巫的秘密

童话小镇里生活着一个女巫,女巫有一副好心肠,所以大家都不怕她,并且亲切地叫她"女巫姐姐"。女巫姐姐开了家美食店,专门卖各种好吃的,美食都是女巫姐姐一个人做的,所以女巫姐姐每天都戴着围裙,围裙上开满了油花。

女巫姐姐还是女巫该有的打扮,只是多了一个围裙。要说女巫姐姐和别的女巫有什么不同,一眼能看出来的,就是女巫姐姐比其他女巫要胖很多。因为女巫姐姐很爱吃美食,女巫姐姐常会说一句话:"吃是让人最快乐的一件事!"

女巫姐姐很爱笑,做的东西也好吃,小店的客人每天都爆满呢!有些小动物要在店门口排很长时间的队,才能等到空座位。虽然肚子早就"咕咕"叫了,但还是会耐心等下去。足见女巫姐姐的厨艺有多高超。

女巫姐姐虽然是女巫,但几乎没有人看到过女巫姐姐使用魔法,女巫可都是会魔法的哦。

"女巫姐姐,你为什么不使用魔法呢?"小熊没忍住好奇心,憨憨地问道。

女巫姐姐擦了擦额头上的汗,笑着说:"这可是女巫的秘密,秘密不能讲出来的哦!"说完,女巫姐姐便转身回到了厨房,继续做美食去了。

小店里的客人们热议开了,小猕猴说:"你们说,有没有可能女巫姐姐根本不会魔法呢?"

"难道女巫姐姐不是女巫吗,她一直在骗我们?"鼠小弟瞪大了眼睛,说道。

小象甩甩鼻子:"女巫都是心肠歹毒的,可是女巫姐姐却很友善,根本没做过坏事情。如果她真的是女巫,那她现在一定是伪装的,目的就是让我们觉得她很善良,等到我们彻底放松警惕的时候,再来伤害我们!"

大家都觉得小象说得很有道理,正在吃美食的小鹿,把嘴里的美食吐了出来:"大家都别吃了,快吐出来! 没准,这些美食都被她下了魔法,是有毒的。"

大家便连忙把嘴里的东西一股脑地吐了出来。你一言我一语,大家彻底对女巫姐姐失去了信任。在厨房里的女巫姐姐将这些对话听得一清二楚,但女巫姐姐根本没有生气,也不想解释什么。女巫姐姐继续做着美食,就好像什么都没有发生、什么都没有听到一样。

大家都跑回家去了,谁也不敢来女巫姐姐的小店吃美食了,也都离女巫姐姐远远的,除了憨憨的小熊。

"真好,这下不用等着排队,就能快速吃到女巫姐姐做的美食了!"小熊开心地说。

"你不怕我的美食被我施了魔法,是有毒的?"

"才不怕呢,因为女巫姐姐根本不会那么做的。"小熊补充道,"不论别人说什么,我对女巫姐姐的信任是不会改变的。我知道女巫姐姐很善良。"

泪水在女巫姐姐的眼中打转,女巫姐姐哽咽地说:"谢谢小熊的信任。"

"那女巫姐姐的秘密,要不要说给小熊听呢?"

"不要!"女巫姐姐笑着说,然后便躲进了厨房。看来,女巫姐姐是不打算把这个秘密告诉任何人的。

一段时间过去了,小店除了小熊便没有其他客人了。女巫姐姐闲了下来,便用这个时间尝试着做新的美食,做出来后就留给小熊和自己吃。这段时间下来,小熊整整胖了一大圈,不过显得更加可爱了。

其他的小动物呢? 都非常想吃女巫姐姐的美食了,也很想念女巫姐姐。大家聚在一起,小象首先说:"会不会是我们误解了女巫姐姐呀?虽然女巫姐姐也是女巫,但女巫不全是坏心肠的。而且女巫姐姐来到小镇后,一件坏事都没有做过。"

小猕猴接过话来:"女巫姐姐的好心肠不像伪装的,哪有人会伪装这么久?"

"平常,女巫姐姐可没少帮助我们,我们不能因为女巫姐姐不使用魔法,就胡乱地猜测她。"小鹿继续说,"信任是很重要的,我们应该信任女巫姐姐。"

大家都很后悔自己之前的所作所为了。于是,大家又重新来到了女巫姐姐的美食小店。

女巫姐姐笑着对大家说:"这段时间大家都去哪儿了?你们不来,我都无聊坏了,还好有一只小胖熊陪着我。快进来吧,我做了很多新的美食,都是大家从前没有吃过的,非常美味哦!"

大家站在门口,羞红了脸,低着头对女巫姐姐道歉。

"大家不要道歉了,就当之前什么都没有发生吧。"看来,女巫姐姐已经原谅大家了,或者说,女巫姐姐从来没有怪罪过大家。

现在,小店的客人每天都很多,等待的客人都排起了好长的队。女巫姐姐在厨房里忙得热火朝天,但女巫姐姐很快乐。

女巫姐姐为什么不使用魔法呢?女巫的秘密到底是什么呢?只有女巫姐姐自己知道。或许,女巫姐姐不想使用魔法,是想变得和大家一样,真正地融入童话小镇的生活。毕竟,小动物们都不会使用魔法。

写作参考示例点拨

本文颠覆了我们的传统认知,原来女巫也是有一副好心肠的。本文所要告诉我们的,是不能去恶意地猜测别人。本文运用了留白,并没有将女巫姐姐不使用魔法的原因讲出来,留给了读者想象空间,到底是因为女巫姐姐不会魔法,还是不想使用魔法,或是有其他的原因,这需要读者自行去遐想。

24.跟唐诗宋词学双关手法

模仿范本

竹枝词二首①（其一）

唐·刘禹锡

杨柳青青江水平，闻郎江上唱歌声。

东边日出西边雨，道是无晴却有晴②。

作者简介

刘禹锡（772－842），字梦得。唐代文学家、哲学家，有"诗豪"之称。诗文俱佳，涉猎题材广泛，与柳宗元并称"刘柳"，与韦应物、白居易合称"三杰"，并与白居易合称"刘白"。留有《陋室铭》《乌衣巷》等名篇，哲学著作《天论》三篇，分析"天命论"产生的根源，具有唯物主义思想。

注释

①竹枝词：巴渝（今重庆市一带）民歌中的一种。唱时以笛、鼓伴奏，同时起舞，声调婉转动人。歌词杂咏当地风物和男女爱情，富有浓厚的生活气息。

②"道是"句：语意双关。"晴""情"同音，无晴、有晴即无情、有情。

译文

岸上杨柳青青，江中风浪平平，忽然江上舟中传来少年的唱歌声。

就像东方出来太阳，西边落雨，你说它不是晴天吧，它又是晴天。

写作技巧妙梳理

双关，即是指在一定的语言环境中，利用词的多义或同音的条件，有意使得语句具有两种意思。换言之，也就是言在此而意在彼。通常分为两种用法：意义双关和谐音双关。意义双关指利用词的多义，使句子具有双重意义。谐音双关指利用词的同音，使语句具有双重意义。

本首诗便运用了谐音双关的手法，表现了一个初恋中少女的心情。少女在想：我心中的少年啊，你就如同这变幻莫测的天气，东边日出，西边下雨，你说不是晴天吧,还明明有太阳,真让人琢磨不透。少女的迷惘眷恋,忐忑不安与深情期待就这样活脱脱地展示了出来。

写作技巧小练笔——情景小剧场

同学们,你们听到或看到过很多歇后语吗?其实很多歇后语都是运用了双关手法呢,其中谐音双关又是最普遍的。请写一段文字吧,不设主题,但要运用到双关手法,或至少要出现一处运用到双关的歇后语。

写作参考示例

罗罗的书包

学校快开学了,罗罗却少一个书包。作为一个学生,没有书包怎么行呢。

"奶奶,我想要一个书包。"罗罗小声地说。

奶奶的年纪大了,头发花白,听力也不大好了。奶奶没有听清罗罗说什么,继续看着窗外的雨。雨水顺着房檐,一滴一滴落下来。

罗罗没有再说什么,也转身看着窗外的雨,心想:"就算奶奶听到了,奶奶也没有钱给我买书包呀。"

只有奶奶在照顾罗罗,罗罗从来没有见过爸爸妈妈,但罗罗懂事,奶奶不说,罗罗是不会问的。生活在乡下的奶奶,是没有多少钱的。不过,奶奶精打细算地过日子,罗罗也没有饿到过。

罗罗心想:"可是我真的想有一个书包。"窗外的雨渐渐小了起来,过了不一会儿,就彻底停了,暖暖的阳光照在大地上,天空放晴了。小燕子又叽叽喳喳地叫起来,在空中飞舞着。

"奶奶,我出去走走!"罗罗大声说。

奶奶这回听到了,点了点头:"去吧。"

罗罗走到了村子附近的山上,山上有很多树,那些树叶上还在往下滴落雨水呢。罗罗深吸一口气,说道:"这就是大自然的味道吗?真好闻。"

"罗罗,你怎么来了?刚下过雨,路多泥泞呀!"声音是从一棵很粗壮的大树里发出来的。

罗罗指了指脚上的雨靴:"树爷爷,你看,我穿了雨靴的。"

树爷爷笑了笑，扭了扭身子，一时间树叶上的雨水都被抖落了下来，罗罗赶紧往后退。

"树爷爷，雨水都打湿我的衣服了。"

天边出现了一道彩虹，真美啊！罗罗倚靠着树爷爷的树干，和树爷爷一起看着天边彩虹。

"树爷爷，我想要一个书包，可是我不能跟奶奶说。"

"对哦，罗罗快上学了，是需要有一个书包的。"树爷爷想了想，"老和尚住山洞——没事（没寺），树爷爷给你一个书包。"

树爷爷喊了几声，树林里的鸟就都出来了。树爷爷对鸟们说了几句悄悄话，鸟们便立刻飞到了天上去，一直飞到了彩虹那里。每一只鸟都啄了一口彩虹，然后又飞回了树爷爷的身边。

鸟们站在树爷爷的树枝上，将嘴里衔着的彩虹轻轻地放在了树叶上。树爷爷抖了抖，念着神奇的咒语。罗罗一眨眼的工夫，便看到了一个七色彩虹般的书包。

罗罗太喜欢这个书包了，因为它大小合适，还有着七种颜色呢。罗罗简直爱不释手："谢谢树爷爷，谢谢鸟们！"

太阳快落山了，村子里升起了白色的炊烟，罗罗蹦蹦跳跳地回家吃饭去了。

奶奶没看到这个书包，因为只有罗罗一个人能看到。罗罗吃了好多的饭菜，罗罗说，开心的时候，就比较能吃。

也只有罗罗能听到树爷爷说话，别人可听不到。这是为什么呢？或许只有罗罗和树爷爷才能回答，这是他们之间的小秘密吧！

写作参考示例点拨

文中有一处运用到了双关手法的歇后语，是谐音双关。在文章中运用一些双关手法，可以使得文章更加有趣，吸引读者的阅读兴趣。

25.跟唐诗宋词学设问手法

模仿范本

雨霖铃

宋·柳永

寒蝉凄切①,对长亭晚②,骤雨初歇③。都门帐饮无绪,留恋处,兰舟催发④。执手相看泪眼⑤,竟无语凝噎⑥。念去去⑦、千里烟波,暮霭沉沉楚天阔⑧。

多情自古伤离别,更那堪、冷落清秋节。今宵酒醒何处?杨柳岸,晓风残月。此去经年⑨,应是良辰好景虚设。便纵有千种风情⑩,更与何人说?

作者简介

柳永(约987—1053),原名三变,字景庄。后改名永,字耆卿。北宋词人,擅长描写羁旅行役之情,其诗铺叙刻画,情景交融,语言通俗,音律谐婉,在当时广为流传,对宋词的发展有一定的影响。

注释

①寒蝉:这里指秋蝉。凄切:形容蝉声凄凉而悲切。

②长亭:古时设在大道旁的亭屋,人们相送时多于此处作别。

③骤雨:阵雨。歇:这里指雨停。

④催发:催人登舟开船。

⑤执手:彼此双手相握的样子。

⑥凝噎(yē):悲痛气塞,说不出话来,一作"凝咽"。

⑦去去:重复言之,表示行程之远。

⑧暮霭:傍晚的云气。沉沉:这里形容云气密结的样子。楚天:南方的天空。

⑨经年:隔年。

⑩风情:这里指情思。

❀译文

秋蝉的叫声是那样凄凉而悲切,面对着长亭,阵雨刚刚停住。在京都郊外设帐饯别,却没有畅饮的心绪,正在依依不舍的时候,船上的人已催促出发。双手相握互相瞧着,满眼的泪花,千言万语都噎在喉间说不出来。这千里迢迢,一片烟波,那夜雾沉沉的楚地天空是一望无际。

自古以来多情的人最伤心的就是离别,更何况又是在这萧冷的秋季,这离愁哪能忍受得了。谁知我今夜酒醒时身在何处?怕是只有杨柳岸边,面对凄厉的晨风和黎明的残月了。这一去长年相别,相爱的人不在一起,我料想即使遇到好天气、好风景,也只是白白地存在着。即使有满腹的情思,又能和谁一同诉说呢!

写作技巧妙梳理

设问,是为了强调某部分内容,故意提出问题,然后自问自答,也就是明知故问。设问可以起到强调的作用,同时可以引人注意、启发思考。设问可以用在文章的标题,吸引读者,也可以用在自然段的开头或结尾,能起到承上启下的作用,很好地引起下文。当然,设问应该抓住读者关心的问题,不然则会显得故弄玄虚,失去了原有的味道。

在柳永的这一首词中,"今宵酒醒何处?杨柳岸、晓风残月。"此处便是设问,词人自问自答,酒醒后身在何处呢?原来是在杨柳岸边,面对着凄厉的风和残月。强调了一种茫然和悲伤的情感。

写作技巧小练笔——情景小剧场

同学们,你们觉得生命是怎么一回事呢?你相信缘分吗?有些人只是与你擦肩而过,有些人成了你们的朋友、家人,也有些人你们根本不认识,也没见过。这会是冥冥中的注定吗?请思考一下,然后写一段文字吧,记得要用上刚刚学到的设问这一手法哦。

写作参考示例

等你走进我的生命

我的生命是一条波浪线,我要经历多少的坎坷辛苦,才能走到最后的直线。那时，我的生命走到终点，我必将从哪里来，回哪里去，如同尘归尘，土归土。

我喜欢使用瓷器。小的时候，我喜欢玩泥巴，把泥巴揉搓成不同的形状，有燕子、小猪等。我便不会再称它为泥巴，而会唤它"小猪""小燕子"。但它们仍旧是一堆泥巴，下雨的时候，它们会被雨水淋湿，现出泥巴的样子。长大后，我常在想，我应该也是泥巴揉搓成的吧！可是，我经历了无数次的淋雨，怎么没有显现出泥巴的样子呢？

遇见过很多人，有的只是擦肩而过，有的认识了一段时间后又淡忘。我没有遇见过的人会更多吧，就像我一生都没出过省。憧憬着成都的鼓楼、西藏的布达拉宫，每一次在准备旅行的时候，都会被各种琐事缠绕，旅行也就一拖再拖。最后，哪里也不愿去，甚至连念想都淡了很多。与很多人的相处也是一样的道理吧，慢慢不联系，慢慢地就彻底断了联系。

一个人的时候，会静下来，抬头望着天空发呆，脑子里却闪过很多念头。会不会有些人，本该走进我的生命里，结果却是我连他的名字都不知道。一想到这，便有些许悲伤。一切都要归咎于缘分吗？应该是吧。有些人一定会出现在我们的生命里吗？就算这次错过，下次还是会遇到。

大人们常说，这次错过了，就再也见不到了。世间的聚散真的如此无常吗？我可以把泥巴揉搓成一个形状，如果我不喜欢，我还可以用这块泥巴揉搓成另一个形状。或许，生活本身不是泥巴，它是不可塑的。当意识到这一点的时候，我就开始学着且行且珍惜。

我珍惜身边的每一个人，就算是与我擦肩而过的陌生人，我都会友善地对待他们。就算是我没有见过的人，我都为他们祈福，愿他们一生顺遂。我喜欢每个人走进我的生命。我记性不好，但我努力地想记住每一个人，因为一旦忘记，他在我的生命里就彻底消失了。

有一段时间，我把自己封闭起来，不想认识新的人，经历新的事。没有拿起，自然没有放下。没有认识，自然不存在遗忘。可是我并没有感受到快乐。于是，我重新敞开我生命的大门，允许任何人走进来，也允许任何人走出去。仿佛他们是寄居在我这里的旅人，而我不也是这个世界的旅人吗？我当然也是。

养了很多花，每年都等着它们绽放，然后是凋落。养了很多鱼，每隔几天就要换水，每天都要投放鱼食。养了一条狗、一只猫，努力让自己充实起来。现在，我喜欢多出去走走,世界那么大,你真的需要多出去走走,因为可能有一个人,或一帮人正等着走进你的生命里。而你,也将走进别人的生命里。

我喜欢使用瓷器,年龄大了,玩泥巴总归有些不合适。手里握着瓷器,便如同手里拿着一把泥巴,顿时就有了踏实的感觉。人只有脚踩大地,才会踏实,看来,我们真的来自大地。

人生海海,素履之往。等你走进我的生命里,我会一直以饱满的热情等待你的到来。那时,我的生命会是怎样的一条线呢? 一定会充满了许多色彩和难忘的往事吧!

写作参考示例点拨

本文多次运用了设问和反问,自问自答,或者只问不答。作者提出了很多的问题,都需要我们去认真地思索。作者通过设问这一手法,强调了这一切都是缘分一场,以及我们都是这个世界的旅人,来去匆匆。

26.跟唐诗宋词学象征手法

不第后赋菊

唐·黄巢

待到秋来九月八①,我花开后百花杀②。
冲天香阵透长安③,满城尽带黄金甲④。

作者简介

黄巢(820－884),唐朝末年农民起义领袖,并拉开了唐朝覆灭的大幕。主要作品有《咏菊》《题菊花》等。

注释

①九月八:农历九月九日是重阳节,旧时风俗,人们在这一天要登高赏菊。这里用"八"是为了押韵。

②杀:此处指花草枯萎。

③香阵:阵阵香气。

④黄金甲:金黄色的铠甲。这里用来形容菊花花瓣片片金黄。

译文

等到秋天九月重阳节到来的时候,菊花盛开以后别的花就凋落了。

盛开的菊花阵阵香气弥漫着长安,满城都沐浴在芳香的菊意中,遍地都是如黄金铠甲般的菊花。

写作技巧妙梳理

象征,简单地说,即是根据事物之间的某种联系,用具体事物表现某些抽象意义,例如"信鸽"象征着"和平"。当然,象征也可指用部分事物来代表全体。象征手法可以使文章立意高远,含蓄深刻。正确地运用象征,可以给读者留下深刻的印象,赋予文章以深意,让读者回味无穷。

在黄巢的这首诗中,赋予了菊花以英雄风貌和高洁品格。运用象征手法,把菊花比作广大被压迫的人民,形象地显示了农民为之革命的果决坚定的精神面貌,给读者留下了深刻的印象。

写作技巧小练笔——情景小剧场

学过了象征手法之后,我们是不是越发觉得观察的重要性了呢?要善于观察身边的事物,这对写作来说,是极其重要的。请去观察一件事物吧,然后找出事物之间的某种联系,之后就可以写一段与其相关的文字了。当然,是要用象征手法来写哦。

写作参考示例

会动的稻草人

稻草人,应该是不会动的,因为稻草人不是人,只是一堆稻草搭成的。稻草人自然也不知道累,不知道饿。不论严寒还是酷暑,稻草人都稳稳当当地站在田里,像一棵树,像一座山。

不过,在童话的世界里,什么是不可以发生的呢?稻草人各各就是一个会动的稻草人。各各原来是没有意识的,就好像一直在沉睡,直到天上的仙女姐姐来游玩。

仙女姐姐看到了田里的各各,仙女很喜欢这个稻草人,说不出喜欢的原因,但就是从心底里喜欢。仙女姐姐和各各打招呼,各各也没有说话,连眼睛都没有眨一下。

天空中的鸟飞呀飞,叽叽喳喳地说:"仙女姐姐,稻草人不会动,也不会说话。"

"那你们怎么还怕稻草人呢?"仙女姐姐好奇地问。

"我们才不怕呢!"另一只鸟接着说,"我们只是太孤单了,在和稻草人做游戏呢。"

"没错,鸟聪明着呢! 一眼就能看出稻草人不会动,只是生活中并没有太多的乐趣,我们要学会自己制造快乐。"一只上了年岁的鸟说道。

仙女姐姐笑着说:"好吧,那如果我用魔法将稻草人唤醒,它可以动,可以驱赶你们,你们也愿意吗?"

鸟们都不作声了,像是在思考一个很大的问题。一只鸟首先打破了平静:"愿意呀,这样我们就多了一个可以说话、可以玩耍的好朋友!"其他的鸟也表示赞同,一时间都叽叽喳喳说着"愿意"。

仙女姐姐笑了笑,挥动着手里的魔法棒,稻草人各各便开始眨眼了,各各仿佛睡醒了一样,伸了个懒腰,打了个哈欠,揉揉眼睛,看到了眼前穿着白裙子的仙女姐姐,也看到了天空中飞舞着的鸟。

"哎呀,稻草人真的会动了,我都看到它伸懒腰了!"

"会动会动,它还打哈欠了呢!"

那只上了年纪的鸟,眼睛眯成了一条缝,也没有看清楚:"动了吗? 我怎么没看到呢? 看来我的老花眼真的很严重了。"

仙女姐姐听到了,便变出了一副很小很小的老花镜,那只上了年纪的鸟戴上后,眼前的一切立刻就看得清晰极了:"谢谢啦,以后我就不会飞着飞着撞到树干上了,能看清真的太好了。哎呀,稻草人会动了!"

"我是谁?"各各对这个世界一无所知。

"你是稻草人呀!"仙女姐姐回答。

各各挠挠头:"稻草人要干吗呢?"

"稻草人应该一直守在田里吧,驱逐空中的鸟,守护住田里的庄稼就是它的责任。"

各各点点头,看了看这片田,又看了看空中的鸟:"你们是谁?"

"我们是鸟。"一只大胆的鸟落到了各各的肩膀上。

"鸟要干吗呢?"

"鸟会等田里的庄稼成熟,然后偷偷地吃掉田里的粮食。你会驱赶我们吗?"

各各想了想,摇摇头:"不会呀,没有粮食吃,会饿肚子的。我可不想看到你们饿肚子。"

仙女姐姐善意地提醒："不过驱赶鸟可是稻草人的责任。"

各各不知道怎么回答了。仙女姐姐决定不再为难各各："不过,你和别的稻草人不一样,你会动,可以选择离开这片田。世界很大很美,你可以去周游世界。你是自由的。"

"世界有多大？ 比这片田又大多少呢?"各各问道,"如果离开了这片田,我的责任又是什么呢?"

仙女姐姐也不知道怎么回答了。风缓缓吹来,空中的云朵慢慢移动,田里的秧苗缓慢地生长。之后,各各又问了许多关于这个世界的问题,仙女姐姐和鸟们都一一作答。不过,有些问题,他们可不知道答案,仙女姐姐和鸟们心想："原来,我们也不是很了解这个世界呀。"

他们一直聊到很晚很晚,直到月亮在星河中游荡,月光如瀑布般洒落到地上。鸟们回到了树上的巢里,仙女姐姐也回到了天上去。各各也有了些困意,打了几个哈欠,就睡着了。夜晚是宁静的,就连田里的蛐蛐的歌声都那么安静。

当第一滴露水,打在各各的头上,各各醒了过来。

"你醒了呀!"田鼠哥哥从洞里探出头来。

"你好呀,田鼠哥哥,真是阳光大好的一天!"各各笑着说。

"今天有野餐,我们邀请你来参加哦。"

"在哪里举办野餐呀?"

田鼠哥哥指了指东面："就在东面的树林里。"

各各顺着田鼠哥哥手指的方向,看了看。树林不远,但要离开这片田。各各摇摇头："我不能去,我不想离开这片田。"

"为什么呢？ 你可以动,可以选择离开的。"

"守护这片田是稻草人的责任,我不能离开。希望你们玩得尽兴吧。"

田鼠哥哥叹了一口气,回到了洞里,准备野餐的食物了。

各各有时也会感到孤单,但各各从来没有走出过这片田。鸟说各各傻,各各挠挠头:"走出这片田,我能去哪里呢?外面会不会只是大了一点的田呢?"

偶尔,仙女姐姐会想起各各来,便来看看它。各各不那么孤单了,因为它已经结交了很多好朋友:鸟、田鼠哥哥、山猫、小鹿等。小动物们会来到这片田里,找各各聊天,诉说自己的故事。

各各喜欢夜晚,看满天的星月。各各一动不动,也不说话,只是抬头看着星空,各各也觉得这是那么美好。日子一天天过去,太阳降落的时候,月亮就升起来。

会动的稻草人,并没有离开这片田。各各对这个世界,没有疑问的时候,是在仙女姐姐收回了魔法、各各重新变回了稻草人的时候。现在,各各不会动,连眼睛也不会眨一下,但各各的嘴角上扬,有掩盖不住的笑容。

写作参考示例点拨

本文多处运用了象征,把"鸟"比作了"孤独的人",把"稻草人"比作了"有担当、负责任、勤思考的人"。通过对稻草人的细腻刻画,表达出了许多深刻的思想。作者找到了事物之间的某种联系,鸟有时候和人一样孤单,稻草人原本不会动,但会动的稻草人也同人一样,有担当、有责任感。

27.跟唐诗宋词学联想手法

模仿范本

唐·卢纶

云开远见汉阳城，犹是孤帆一日程。

估客昼眠知浪静②，舟人夜语觉潮生③。

三湘衰鬓逢秋色，万里归心对月明。

旧业已随征战尽④，更堪江上鼓鼙声⑤。

◉作者简介

卢纶(739—约799)，字允言。唐代诗人，"大历十才子"之一。卢纶的诗，五七言近体为主，多唱和赠答之作。著有《卢户部诗集》。

◉注释

①晚次：指晚上到达。

②估客：商人。

③舟人：船夫。夜语：晚上说话。

④征战：指安史之乱。

⑤更堪：更难堪，岂能再听。江：指长江。鼓鼙(pí)：军用大鼓和小鼓，后也指战事。

◉译文

雾散云开远远地望见了汉阳城，孤舟漂游还要走一日的路程。

商贾在白天睡觉知道风平浪静，船夫在夜间说话感到潮生。

看三湘秋色两边鬓发衰白，眺望万里明月更是归心似箭。

家乡旧业已经被战争毁尽，岂能再听江上鼓角声声。

写作技巧妙梳理

联想，即是由某人或某物而想起其他相关的人或事物。大致可分为七种：接近联想、类似联想、对比联想、因果联想、追忆联想、推测联想和连锁联想。

接近联想：根据事物之间在空间或时间上的彼此接近进行联想，进而产生了某种新的设想。

类似联想：由某一事物想到与它相似的其他事物或现象，进而产生了某种新的设想。

对比联想：指对于性质或特点相反的事物的联想。

因果联想：指对具有因果关系的事物产生的联想。

追忆联想：指由现实生活中的某一事物，引起人们对经历过的生活、见闻等的回忆。

推测联想：根据已经知道的事情来推测不知道的事情。

连锁联想：指运用联想的方式把几种事情一环扣一环地串联在一起，也可以从同一事物的不同方面进行两种以上的联想。

联想与想象不同，联想是由一个事物想到另外一个真实存在、具有相同特点的事物。想象则是指在一个事物的基础上，想到另外一个可能存在，也可能是构想出来的事物。

联想可使事物生动化，同时也可以培养自己的想象能力。

在《晚次鄂州》这首诗中，颈联便运用了联想，看三湘的秋色，联想到了两边鬓发衰白；眺望万里明月，联想到了思家的归心似箭。创作这首诗时，作者正身处漂泊的生活，内心十分苦闷。全诗淡雅含蓄，意脉相连。

写作技巧小练笔——情景小剧场

同学们，常常运用联想手法，是可以培养我们的想象力的！刚刚我们学习了七种联想手法，那么请选择其中的一种或两种，来写一段文字吧。温馨提示：注意是联想，而不是想象哦。

写作参考示例

学会独处

你喜欢独处吗？你可能会被孤立，由此而想到孤立无援。独处的时候，一定要忍受寂寞，寂寞是什么呢？是你在这个世界上，有很多话想说，却无人想听。形形色色的人与你擦肩而过，你却不知与谁同行。

学会独处吧，远离那些人群，就算有些格格不入，有些与众不同。我一直坚信，与众不同是好的，过于相同就会被过早遗忘。谁会记得草丛中的一棵草呢，谁不会记得草丛中唯一的那朵花呢。你若与众不同，便会受到疏离，这疏离之感是不会让我悲伤的，与一群人逢场作戏，才真得让我难过。

若想找回自己，势必需要独处。独处，会让心安定下来，思索关于自身的问题，慢慢打开，慢慢开始探求。世界那么喧闹，汽笛声、咒骂声、哭声、笑声，每一种声音都足以让我们分神。独处是向内关照，而不是向外摸索。独处会让我们静下来，倾听脉搏的跳动，那是生命存在的声音。

独处不一定快乐，但会很轻松，因为你不用在意他人的看法了。与人相处时，会处处小心，害怕自己做错什么，而独处自然不用怕这些，面对另一个自己，可以卸下所有防备，放下所有顾虑。小时候若被蛇咬了一口，从此以后看到蛇都觉得被狠狠咬着的感觉。只有自己放过自己，才真的可以云淡风轻。

没有人，比你自己更懂你。但很多时候，我们却是不懂自己的。于是，我们去听别人怎么说，慢慢地活成了别人口中的自己，却丢失了自己原本的样子。做任何事，在不违背法律和道德的前提下，只求无愧我心，不必在意他人的说辞。你要记住，只有你才真正懂得你自己。你可能有些小脾气、小嗜好、小毛病，看似是缺点，或许还会招来别人的批评，但是你无须改变自己，不必磨平你的棱角。正是因为这些，你才与他人不同，你才是你。你活着，不是为了取悦别人，每个人都有各自的活法，不只是唯一一种活法。

独处，就是为了更好地懂得自己，知道自己要什么，知道自己该怎么活。当有一天，你发现自己的话越来越少，那你就真的长大了。成长是怎么一回事呢？就是话慢慢变少的过程吧，很少再说废话了，甚至发觉，很多话是不必说的，说与不说都同样无意义。懂你的人不必说,不懂你的人,你说了千万句,他依旧是不懂。独处的时候说给谁听,独处的时候最好无言。

我们都很忙,忙到没有时间反省自己,忙忙碌碌的同时,却越发空虚。好像很充实的一天,不知哪里出了问题,就是内心很空荡。茫然无措,像在一场迷雾之中。我们急于辨别方向,却不会坐下来,等迷雾褪散,等阳光照射进来。看似在不停地拼搏奋斗,实则在画地为牢,原地打转。生活是需要独处的,独处是让你停下来,先给你指出方向,再任你拼搏奋斗。

爱自己,爱家人,不必勉强自己去爱陌生人。活得纯粹一些,真实一些,博爱不是那么简单的,也不是能够轻易做到的。但做不到却宣称自己是博爱的,这样的人就很可悲。不要说谎,不要来粉饰自己。该是什么样子,就是什么样子。

学会独处,就是学会与这个世界握手言和。一切冥冥注定,一切顺其自然,风吹叶动,就是风吹叶动,何必骗自己说是心在动呢?

写作参考示例点拨

本文有两处运用了联想手法,第一处是对比联想,即他们之间的性质是相同的。由人的与众不同和相同,对比联想出了草丛中的草和花。第二处是因果联想,因为小时候被蛇咬过,所以长大后看到蛇还是觉得被狠狠咬着的感觉。

28.跟唐诗宋词学通感手法

模仿范本

山中

唐·王维

荆溪白石出,天寒红叶稀①。

山路元无雨②,空翠湿人衣③。

注释

①红叶:秋天,枫、槭、黄栌等树的叶子都变成红色,统称红叶。

②元:同"原",本来。

③"空翠"句:形容山中翠色浓重,似欲流出,使人有湿衣之感。空翠:指山间青色的潮湿的雾气。

译文

荆溪的水流量一天比一天少,河床上露出了白色的石头,天气慢慢地寒冷,枝头的红叶渐渐稀少。

弯曲的山路上原来没有下雨,可这浓浓的青松翠柏中翠色浓重,似欲流欲滴,使人有了湿衣之感。

写作技巧妙梳理

通感,又称"移觉",是指在描述客观事物时,用形象的语言使感觉转移,将人的视觉、听觉、触觉、味觉、嗅觉等不同感觉相互沟通和交错,彼此挪移转换。例如说,将本来表示触觉的词语移用来表示听觉,使意象更为活泼、新奇。在通感中,颜色可以拥有温度,声音可以被看到。运用通感,可以提高文章的审美情趣,能突破语言的局限,起到增强文采的艺术表达效果。

在王维的这首诗中,"空翠湿人衣"一句便运用了通感的修辞手法,这山中青松翠色浓重,仿佛沾湿了人的衣服,此处是把视觉挪移转换成了触觉,更加活泼、新奇地体现出了山中青松翠柏数量繁多。一个"湿"字便立即提升了本诗的审美情趣和意境。

写作技巧小练笔——情景小剧场

同学们,我们每个人都有不同的感觉,正因为触觉、视觉、听觉这些感觉的存在,我们的生活才更加美好和快乐。你们已经学会通感这个修辞手法了吗?将两种感觉彼此挪移转换,应该是一件很有趣的事吧?那么请用通感这一手法来写一段文字吧!

写作参考示例

花精灵

最爱看童话书的我,吃过晚饭后,便坐在书桌前,津津有味地读着一本童话书,这是一本关于花的童话书。读着读着,我竟然进入了童话书的世界!是不是觉得很不可思议,来到童话书里的我一时间也没反应过来,不过我确实来到了童话书里。

我左右看了看,这里是一片花海,开满了百合花。微风吹来,闻到了缕缕清香,仿佛美妙的歌声似的。这片花海我见过,是童话书中的一幅插画。童话的世界很美很美,天上的云朵都是彩色的,没有吃到也知道那是甜的。许多蝴蝶在空中飞舞,蜜蜂"嗡嗡嗡"地忙着采蜜。

"你好呀,你是童话世界里的人吗?"一只像萤火虫那么大的花精灵,坐在一朵橙色百合花上,问道。

"你好,我刚到这里。"我有些紧张,慢吞吞地说,"我在读一本童话书的时候,不知道怎么回事,就来到了这里。"

花精灵笑着说:"好吧,欢迎来到这里!我叫花精灵,负责守护这一片的百合花,你叫什么?"

"我叫落落,是一个刚上三年级的小学生。"我补充道,"平时,我最爱看童话书了!家里的书柜上摆满了童话书。"

看着花精灵,我问道:"你平时喜欢做什么呢?"

花精灵想了想:"我没有喜欢做的事情,天黑了便睡觉,天亮了就看着这些花。我从来没有离开过这片花海,童话世界里的其他地方,我都没有去过。"

"那该多无聊呀!"我心想。一阵风吹来,百合花们都被风吹动了,像是在跳舞,又像是聚在一起说着悄悄话。

"我教你唱歌吧,我会可多的歌谣了。以后,你无聊的时候,就唱唱歌,生活会有趣很多的。"

花精灵回答:"好呀!"

于是,我唱了一首最擅长的歌谣——《小星星》,花精灵也跟着哼唱了起来:"一闪一闪亮晶晶,满天都是小星星……"歌声在花海中飘荡着,蝴蝶和蜜蜂都停下来,静静地聆听。

晚上的时候,我躺在软绵绵的草地上,花精灵躺在附近的一朵百合花上。一弯月牙挂在夜空中,许多颗小星星在眨眼睛。

"你说,童话世界好吗?"花精灵突然问我。

我脱口而出:"当然好了! 不然我怎么会读那么多童话书呢? 童话世界里充满着美好、幸福和阳光。"

花精灵轻轻地叹口气:"可生活在童话世界的我,却没觉得有多好。每天都在经历同样的事情,而且童话世界里才不是充满着阳光呢,例如现在,就是黑漆漆的呀。说不定,你生活的那个世界,才是真的美好、幸福和充满阳光!"

说完,花精灵就睡着了。我看着夜空,喃喃自语:"都差不多吧,都很美好、幸福和充满阳光。"困意袭来,我也在不知不觉中睡着了。

等我醒来的时候,发现我已经离开了童话世界,此刻的我正坐在书桌前,手里还拿着那本关于花的童话书。

我翻到开满百合花的插图那页,插图上有一只像萤火虫那么大的花精灵,正坐在一朵橙色的百合花上,哼唱着歌谣呢。我猜,唱的一定是《小星星》吧! 而且,它笑得那么甜。

　　童话书的结尾写道："童话世界和现实世界是差不多的,都是那么美好、幸福和充满阳光,只要你细心去看,就一定会发现的。"

　　忘了跟大家说,这本童话书的主人公叫"落落",还跟我同名呢! 你看,就是这么美好。

写作参考示例点拨

　　本文共有三处运用了通感,且运用得十分自然和巧妙。把嗅觉转换成听觉,又把视觉转换成味觉,最后也是视觉挪移转换成了味觉。运用了通感后,所选用的意象顿时活泼、新奇起来,引发了读者的阅读兴趣,同时也体现出了落落单纯可爱的内心世界。

29.跟唐诗宋词学婉曲手法

模仿范本

凤凰台上忆吹箫

宋·李清照

香冷金猊①，被翻红浪②，起来慵自梳头③。任宝奁尘满④，日上帘钩⑤。生怕离怀别苦⑥，多少事欲说还休。新来瘦，非关病酒，不是悲秋。

休休⑦，这回去也，千万遍阳关，也只难留。念武陵人远⑧，烟锁秦楼。惟有楼前流水，应念我终日凝眸。凝眸处，从今又添，一段新愁。

注释

①金猊（ní）：以涂金为狻猊形，空其中以焚香，使香气从兽口中喷出，熏衣被所用。狻猊即狮子。

②红浪：红色被铺乱摊在床上，犹如波浪。

③慵（yōng）：疏慵、懒散的样子。

④宝奁（lián）：装饰品的小匣子。

⑤日上帘钩：意谓日头已高。

⑥生：副词，加重语气。生怕：只怕，最怕。

⑦休休：罢了。

⑧武陵人远：此处借指爱人去的远方。

译文

铸有狻猊样式的铜炉里，熏香已经冷透，红色的锦被乱堆在床头，如同波浪一般。早晨起来，懒洋洋不想梳头。任凭华贵的梳妆匣落满灰尘，任凭日头已高。我只怕想起离别的痛苦，有多少话要向他倾诉，可刚要说又不忍开口。最近渐渐消瘦起来，不是因为喝多了酒，也不是因为秋天的影响。

罢了，这次他必须要走，即使唱上千万遍《阳关》离别曲，也难以将他挽留。想到心上人就要远去,剩下我独守空楼了,只有那楼前的流水,还顾念着我,映照着我整天注目凝眸。就在凝眸远望的时候,从今而后,又平添了一段日日盼归的新愁。

写作技巧妙梳理

婉曲,是指不直截了当地表达本意,只用委婉曲折的方式或含蓄闪烁的言辞来暗示想要表达的本意。婉曲又可分为曲折、微辞、吞吐和含蓄这四类。

曲折是采取一种迂回的表现手法,使读者透过曲折、隐约的语言领会作者的内在含义。

微辞是将不愿直说的话,避开正面,用侧面来表达,从隐微婉曲的文辞中,透露讽刺不满的意味。

吞吐是不以直率的语言词句来表达词意,只在将说未说之时,强自压抑,用吞多吐少的语句,是欲放还收的修辞手法。

含蓄是以避开正面,不露机锋的词句,从侧面道出,但又不道尽,使情余言外,让读者自行玩味领悟。

李清照的这首词便运用了婉曲中的吞吐这一修辞手法。这首词是抒写"离怀别苦"之情的词作。一般写离别,多写临别之悲或别后之苦,而李清照这首词则在别前预写别后之情。开头五句从词人自己的疏慵之态落笔,接着是复杂心理的描写,以吞吐、曲折的方式表现了女性特有的深婉而细腻的心态。

写作技巧小练笔——情景小剧场

亲爱的同学们,你们知道风是什么样子的吗?风可是无处不在的,如同空气一样,但风到底是什么样子呢?是圆形的,还是长方形的?请你好好思考一下,然后写一段关于风的文字吧,记得要用到刚刚所学的婉曲这一手法哦。

写作参考示例

风的样子

小熊在自家的院子里荡秋千,妈妈在院子里晾衣服。天气真是太好了,窗户下的小猫咪都打鼾了。

小熊突然想起了什么:"妈妈,风是什么样子的呢?是长方形,还是正方形的呀?

或者是其他的形状吗？"

"你真是只笨熊，风是风本身的样子！"妈妈觉得这个问题太幼稚了，不耐烦地答道。

小熊还是没明白，风本身是什么样子呢？小熊想弄明白这个问题，便没有心思荡秋千了。在树林里，小熊遇到了正在喝水的马："你去过的地方多，你一定知道风长什么样子！"

马喝饱了水："风啊，我跑起来的时候，我后面的东西就是风。"说完，马就跑开了，小熊只看到了尘土飞扬，但没有看到风。

小熊觉得有些渴，就来到了小河边"咕噜噜"地喝了好些水。几条鱼游了出来。小熊看着河里的鱼："你们知道风的样子吗？"

鱼吐了几个泡泡，说："你看看水面荡起的涟漪，那就是风的样子啊！"

小熊心想："水面的涟漪怎么会是风呢？"小熊刚想继续问下去的时候，发现鱼已经游走了。

小熊继续走着，那是一个失去了双眼的老妇人，常年住在这片树林里。小熊非常有礼貌地问："奶奶，您知道风的样子吗？"

奶奶看不到，但能听到。奶奶显得有些激动："你说风儿啊，那是我的孙女，风儿长得可好看了，说话的声音也好听，就像风铃一样。风儿可真是个好孙女……"

小熊知道风绝对不会是小女孩，只是小女儿的名字叫"风儿"罢了，但小熊没有离开，乖乖地听奶奶把话说完。

奶奶回忆了很多和风儿在一起的日子，最后奶奶哭了起来："风儿后来就不来看我了，风儿的娘说风儿生了一场大病，然后就去了很远的地方，再也不回来了。小熊，你要看到风儿的话，一定让她来看看我。"小熊湿润了眼眶，答应了奶奶的请求。

小熊走在回家的路上，遇到了山羊爷爷："山羊爷爷，你活了好多年，一定见多识广。你一定知道风的样子！"

山羊爷爷捋了捋自己的胡须："那你闭上眼睛，先听听风声吧。"

小熊就闭紧了眼睛，聚精会神地听着。最开始是安静的，然后一阵风刮了过来，树叶发出了沙沙声，山羊爷爷脖子上系着的铃铛发出了丁零零的响声，风刮得更大了，在空中呜呜作响。小熊开心地说："我听到风声了！"

山羊爷爷笑着说："风是用来听的，不是用来看的。"小熊明白了，又问道："那山羊爷爷知道有些人生了大病后,去了很远的地方,那个远方在哪儿吗?"

山羊爷爷看着天边的晚霞:"有些人是用来想的,不是用来找的。"

小熊回到了家,对着镜子里的自己说:"你真是只笨熊。"

第二天,小熊早早地来到了奶奶家,还带了妈妈做的美味早餐。

"奶奶,我找到风儿了,风儿也想你,但现在风儿还在治病呢。这不,她托我给您带来的早餐,您快尝尝。"

奶奶吃着早餐,脸上露出了久违的微笑:"我啊,真是怪想她的。"

写作参考示例点拨

风到底是什么样子,本文也没有给出直截了当的答案,而是多处运用婉曲这一手法,委婉含蓄地表达出了风的样子。山羊爷爷说的几次话,从侧面表达出了风是看不到的,有些人也是等不到的,但风可以听,有些人可以用来想念。

30.跟唐诗宋词学虚实结合手法

模仿范本

唐·李商隐

君问归期未有期②，巴山夜雨涨秋池③。
何当共剪西窗烛④，却话巴山夜雨时⑤。

◉作者简介

李商隐（约813—约858），字义山，号玉谿生。晚唐著名诗人，与杜牧合称"小李杜"，与温庭筠合称"温李"。其诗构思新奇，一些爱情诗和无题诗写得优美动人，广为流传。有《李义山文集》。

◉注释

①寄北：写诗寄给北方的人。

②君：指称妻子。归期：指回家的日期。

③秋池：秋天的池塘。

④何当：何时将要。

⑤却话：回头说，追述。

◉译文

你问我回家的日期，归期还未定下来，今晚巴山下着大雨，雨水涨满了秋池。

什么时候我们才能在一起秉烛夜谈，相互诉说今宵巴山夜雨中的思念。

写作技巧妙梳理

虚实结合，是指把抽象的述说与具体的描写结合起来，或者是把眼前现实生活的描写与回忆、想象结合起来。虚实结合可以使虚与实两者之间相互联系、互相渗透，以及互相转化，以达到虚中有实、实中有虚的境界，为读者提供广阔的审美空间。运用虚实结合，也可以形成一种强烈的对比效果，从而突出文章的中心思想。

创作《夜雨寄北》一诗时，作者出游巴蜀。诗的首句代妻设问，接着自己作答，正可见自己的故乡之思、羁旅之愁，跳跃曲折，构思也很巧妙。此句写眼前景，客地夜雨，秋池涨满，不言愁而愁情自见，又表现出作者言情之巧妙。三、四句跳跃到将来相会的设想,共剪窗烛,却话今时。家庭温馨的细语,昔日羁旅的回忆,纯属虚构,却显得十分真切而多情。这体现出作者虚实结合之巧妙。全诗结构跳跃,循环往复,感情委婉,令人回味无穷。

写作技巧小练笔——情景小剧场

同学们,你们有时候会突发奇想,想到有另一个世界,那里有个同样的自己吗? 展开想象,并结合现实生活,写一段文字吧! 如果运用虚实结合的手法来写,应该会更好吧。

写作参考示例

另一个我

阳光大好的早上,各各吃过早饭,背起卡通形状的小书包就要上学去了。各各看起来心情不错,哼着歌。

各各家的门口处摆放着一块镜子,各各临上学时,看了看镜子。镜子里的各各马上就显现了出来,和各各穿着一样的衣服,背着一样的卡通形状的书包。各各眨眨眼,镜子里的各各也眨眨眼。

在上学的路上,各各要经过一条小河,各各需要从桥上走过,才能抵达学校。今天,各各来到小河边上,探身往小河里看了看。河面上立刻映衬出了各各的模样,以及蔚蓝的天空,还有那火红的太阳。

各各做了个鬼脸,河面上的各各也做了个鬼脸。河里的小鱼吐着泡泡,游远了。

各各过了桥,继续往前走。走着走着,各各一低头,看到了自己的影子。各各往旁边看了看,又看到了树荫、石头的影子、一只流浪猫的影子。流浪猫的影子很小,就像一个黑乎乎的面团。

晚上的时候,月明星稀。妈妈给各各讲完童话故事《稻草人》后,各各就进入了梦乡。在梦里各各变成了稻田里的稻草人,各各戴着一顶草帽,两只长长的袖子在空中飞舞着,吓跑了很多麻雀一类的鸟。

当翌日的阳光照进了各各的房间里,各各仍在熟睡着,各各还继续做着成为稻草人的美梦呢! 此刻,庄稼已经成熟了,稻田是一片金黄色的。各各用力挥舞着自己长长的袖子,驱散着饿着肚子的鸟。

"各各,快起床吃早饭了!"

妈妈的声音将各各拉出了梦乡。各各的眼睛眯成了一条缝,懒洋洋地说:"今天周末,就让我睡个自然醒吧。"

妈妈摇了摇头："各各可不能养成赖床的坏习惯。快穿好衣服,刷牙洗脸。"

吃过早饭后,各各仿佛有了心事。

"妈妈,你说会不会有另一个我呢? 就是有另外一个世界,那个世界里也有个和我一模一样的各各。"

妈妈思考了一会儿："妈妈也不知道,但妈妈觉得应该没有吧。"

"一定有!"各各坚定地说,"另一个我,没准就在镜子里。镜子里有一个和我们一样的世界,当我不照镜子的时候,另一个我就会做自己的事情。当我照镜子的时候,另一个我就会出现在镜子里,和我做同样的动作。"

各各的妈妈是一名心理医生,妈妈不想"伤害"各各的奇思妙想:"各各说得很有道理,妈妈都没想到呢!"

"就算镜子里没有另一个我,河面上也一定有另一个我。妈妈不信的话,可以到河面上看看,说不定还能看到另一个妈妈!"各各直起身来,神情严肃地对妈妈说。

妈妈笑了笑,挠挠头："说不定是真的吧。"

各各接着说:"而且,有个影子世界也说不定。在影子世界里,没有阳光,但另一个我绝对是存在的,就以影子的方式存在。白天的时候,另一个我会随时跟着我,当夜幕降临,另一个我可就自由了,他可以去任何的地方。"

妈妈听得有些入迷,直点头："各各说得很有道理。"

各各喝了一杯水,接着说:"另一个我在梦境里,也说不定。我做梦的时候,就能看到另一个各各,但我是在床上躺着呢啊,这怎么解释? 所以梦里的一定是另一个各各。"

最后,各各得出了一个结论:一定有另一个世界,有另一个我的存在。

妈妈知道,镜子里的另一个我是光的反射,湖面上的以及影子,都是可以用科学来解释的。至于各各说的梦里,那更不可能了,因为梦是假的。所以,另一个世界,另一个我的结论显然是不成立的。可是聪明的妈妈怎么会直接否定各各的想法呢?

妈妈拿出一张纸和一支笔,递到各各的面前。

"如果,各各说的是真的,那么各各不想给另一个自己写一封信吗?"

各各拿过纸和笔:"当然要写了!"各各的情绪又低落下来,"可是另一个我能收到我的信吗?"

"当然!"妈妈用同样坚定的语气说,"别忘了,妈妈可是心理医生,妈妈什么都知道。另一个各各在哪里,心里在想什么,妈妈都知道。"

各各最相信妈妈说的话了,于是在纸上写了起来。

"另一个我,你好。我叫各各,你也叫各各吗? 你过得好吗? 你是否也有玩具、美食,和爱你的妈妈呢? 另一个世界的各各可不要是个爱哭鬼,因为我早就不哭了,妈妈告诉我要坚强,哭是解决不了问题的。"

"阳光明媚的早上,你也会出来跑步吗?闻一闻茶花香。瓢泼大雨的夜晚,你也会躲在被窝里,沉浸在童话的世界吗?你说,有一天,我们会不会突然遇上,就在某个十字路口。"

"我一切都好,就是作业总也做不完,课总也上不完。你也这么累吗?在你的世界,小孩子是不是只负责玩就好了呀?就写到这里吧,等待你的答复哦。各各写给另一个各各。"

各各写好了,把信装进了信封里,递给了妈妈:"妈妈,你可一定要让另一个我看到这封信。"

"一定,妈妈保证。"各各为了确保万无一失,还和妈妈拉勾勾了。

几天后,各各奇迹般地发现,自己玩的时间越来越多了。作业终于可以写完了,各各开心极了。

一个月后,另一个各各真的回信了!

妈妈向各各挥舞着手里的信封:"你看,另一个各各给你回信了。"

各各急忙打开信封,读了起来。

"你好,各各!我也叫各各,真是太奇妙了。我很好,我这里也有玩具和爱我的妈妈。不过,我这里也不能一直玩的,小孩子也要学习的,学习使人进步呀!我也期待能在某个十字路口,与你相遇。先写到这里,希望各各可以一直快乐和幸福,最后,我们都要听妈妈的话哦!"

"妈妈,你看,真的有另一个我!"各各激动地说,全然忘了看纸上的字迹。如果各各细心看的话,就会发现另一个各各的字迹和妈妈的简直一模一样。

从那以后,各各每天都很快乐,每天都听妈妈的话。各各给另一个各各写了很多封信,各各会把自己的小秘密写进去,包括喜悦和悲伤的事情。各各也收到了许多封回信,信里总是在鼓励各各,不要难过,要坚强,并告诉了各各解决的办法。

各各什么时候会发现那是妈妈的字迹呢?会知道另一个我是不存在的呢?或许还要等上几年,又或许,在当各各收到第一封回信的时候,就知道了。

写作参考示例点拨

这是一篇运用了虚实结合手法的作品,有实有虚,现实中的各各是实,镜子中、梦中、水中和影子中的各各是虚。生动有趣地体现出了各各内心的纯净和奇思妙想。结尾处又有淡淡的感动。

31.跟唐诗宋词学以小见大手法

模仿范本

唐·王湾

客路青山外②,行舟绿水前。

潮平两岸阔,风正一帆悬。

海日生残夜,江春入旧年③。

乡书何处达?归雁洛阳边④。

作者简介

王湾(生卒年不详),洛阳人,开元元年(713)进士及第。他入仕前,曾往来于吴、楚之间,多有著述,为世人所知。后来历任荥阳(今河南荥阳)主簿、洛阳尉等职,曾参与《群书四部录》的编撰工作。《全唐诗》存其诗10首,以作于唐玄宗先天年间或开元初年的《次北固山下》最为著名。

注释

①次:长途中的暂留、停歇,这里指泊船。北固山:今江苏镇江市北,三面临江,其势险固。

②客路:指旅途。

③"江春"句:意谓旧年未尽,江南早已有新春的消息。

④归雁:北归的雁。

译文

旅途在青山之外,在碧绿的江水前行舟。

潮水涨满,两岸间水面广阔,顺风行舟正好把帆高悬。

夜晚还没有褪去,太阳已在江上缓缓升起,还在旧年时分,江南就已有了春天的气息。

寄出去的家信不知道什么时候才能到达?希望北归的大雁能够帮捎到洛阳去。

写作技巧妙梳理

以小见大,即从小的可以看出大的,指通过小事可以看出重大主题。以小见大的特点就是抓住一事一物,一情一景,从大处着眼,却从小处下笔。也就是说,以小景写大景之情,以小物写出大主题,以小情节写大内容。以此,为读者创造出一个比现实生活更加广阔、更为深远的艺术表达效果。

在《次北固山下》一诗中,"潮平两岸阔,风正一帆悬"一联便运用了以小见大的修辞手法。以江中的小舟顺江而下,可以想象出江水滔滔不绝的壮观,这便是典型的以小景见大境界。可以设想,在江中行船,即使顺风行舟,却依然波涛汹涌。作者通过"风正一帆悬"这一小景的描写,把视野开阔、江水上的风平浪静等大景也表现了出来。

写作技巧小练笔——情景小剧场

亲爱的同学们,学过王湾的这首诗,学过了以小见大的手法,是不是觉得这个手法很神奇呢? 通过写小的,就能从中看出大的来。那么去找一个小的事物,然后构思一下,写一段文字吧,记得要通过这一小事物来表达出一个大主题哦!

写作参考示例

螺丝扣

那是一枚新的螺丝扣,铁匠刚刚把它打制好。一阵风吹过来,螺丝扣就借着风力,滚了起来。

它滚啊滚啊,就滚到了附近的一条小河旁。它还没有停下来的意思,"扑通"一声,螺丝扣掉进了小河里。

一条鱼正在水里游,被螺丝扣打中了脑袋。

鱼有些生气,吐了一连串的泡泡:"是谁打我?"

"对不起,是我。"螺丝扣仍在往下坠落。

"这不是一枚螺丝扣吗?"鱼也随着往下游。

"你能救救我,把我送上岸吗?"

鱼笑着说:"小河里的世界可好了,一会儿你就会看到美丽的珊瑚。"

螺丝扣眼看就要坠入河底了,螺丝扣的眼神可没有鱼好:"可是这里没有阳光,我什么都看不见。"螺丝扣有些不好意思,"而且我怕黑。"

"可是我没有手,拿不动你啊,这样吧,我去找龟哥哥。"

螺丝扣坠到了河底,鱼游走了。螺丝扣喊着:"要快点找到龟哥哥!"

螺丝扣不知道过去了多久,耳边才传来了鱼的声音:"龟哥哥,你游快点,螺丝扣怕黑,他会害怕的。"

龟哥哥说:"我也想快点,你又不是不知道乌龟向来以慢著称。"

螺丝扣喊着:"我在这儿!"

鱼看着眼前的螺丝扣："螺丝扣,你怎么变成这样了,你身上都有一层铁锈了!"

龟哥哥说:"铁在水里待得久了,就会生锈的。看来我们要快点把它送到岸上去。"

鱼和龟哥哥费了好大劲,才把螺丝扣放到龟哥哥的龟壳上。龟哥哥平稳地游着,不一会儿就浮出了水面。

"我又能看到了,谢谢你们。"螺丝扣感激地说。

又一阵风吹过来,螺丝扣又被风吹跑了。

"再见了!"鱼跳出水面又跳回河里。

螺丝扣就这样滚啊滚,滚到了一个老妇人的脚下。老妇人轻轻地拿起它:"有些生锈,不过擦擦还能用。"

老妇人用砂纸把螺丝扣好好打磨了一番,直到螺丝扣发出亮光。

"每一枚螺丝扣都要有自己的螺丝钉,你的螺丝钉在哪里呢?"老妇人把它放在手心,轻轻问。

螺丝扣自然不知道了:"奶奶,我不需要螺丝钉。"

老妇人摇摇头:"傻孩子,螺丝扣一定要有自己的螺丝钉。"

老妇人去铁匠那里特意让铁匠打制了一枚新的螺丝钉。螺丝钉打制好了,老妇人将螺丝钉和螺丝扣拧在一起,放在了自己的口袋里。

老妇人笑着说:"这样就完整了。"

有了螺丝钉的螺丝扣确实有了不一样的感觉,至少它知道,这回风可是吹不跑它了。

老妇人是自己一个人生活在这个小镇,她有时候很孤独。她孤独的时候,就会掏出口袋里的螺丝扣,和螺丝扣说说话。

"孩子,你说螺丝扣都要有自己的螺丝钉吗?"

螺丝扣说:"当然了,这不是奶奶告诉我的嘛!"

老妇人有些累了,坐到摇椅上,将螺丝扣放在心口:"那我的螺丝钉在哪里呢?"

螺丝扣没有听明白:"奶奶,你在说什么啊?"

老妇人已经睡着了,没有听到螺丝扣的话。夕阳染红了天空,缕缕微风吹来,螺丝扣也进入了甜甜的梦乡……

写作参考示例点拨

这是一篇运用了以小见大手法的小故事,螺丝扣要有自己的螺丝钉,这处小事表达出了一个大主题,即每个人都会有他的另一半,这样才完整。而文中的奶奶却是一个人,通过对奶奶一个人的孤独描写,体现出了世界上还有很多空巢老人,他们也很孤单落寞。以小见大,为之感动的同时,引发思考。

32.跟唐诗宋词学比兴手法

模仿范本

拟行路难①（其四）

南朝　宋·鲍照

泻水置平地，各自东西南北流。

人生亦有命，安能行叹复坐愁？

酌酒以自宽，举杯断绝歌路难②。

心非木石岂无感？吞声踯躅不敢言③。

◉**作者简介**

鲍照（约415–466），字明远。出身寒微，曾因献诗于临川王刘义庆而受赏识。曾任国侍郎、中书舍人、参军等职，所以后世称他"鲍参军"。后因参与叛乱在乱军中被杀。鲍照是南朝宋代成就最高的诗人，他的七言诗和杂言乐府继承汉魏乐府传统又有所开拓和发展，对唐代诗人特别是李白、杜甫、高适等人的创作产生了较大影响。作品有《鲍参军集》十卷。

◉**注释**

①拟：模仿。行路难：汉乐府古题，本旨是叙述世路艰难及离别的悲伤。

②断绝：停止。

③吞声：声音将发又止。踯躅：徘徊不前。

◉**译文**

往平地上倒水，水会向不同的方向流去。人生是天注定的，怎么能天天自怨自艾、叹气忧愁？

饮酒来宽慰自己，因举杯喝酒而中断歌唱《行路难》。人心不是草木怎么会没有感情？欲说还休徘徊不前不敢再说什么。

写作技巧妙梳理

比兴，我国古代诗歌中较为常见的写作技巧，宋代朱熹曾对此有比较准确的解释。他说："比者，以彼物比此物也。兴者，先言他物以引起所咏之词也。"也就是说，"比"是比喻，是对人事物加以形象的比喻，使得其特征更加鲜明突出。"兴"是起兴，就是借助其他事物作为诗歌的发端，以引起所要歌咏的内容。"比"与"兴"常在一起连用。运用比兴手法，可以使作品更加生动和鲜明。

在这首诗中，诗人运用的是以"水"喻人的比兴手法。先说水，用水来引出人生，这是兴的手法。同时用水流方向的不定来比喻人生命运穷达的不同，这是比的手法。这首诗托物寓意，比兴手法运用自如，达到了哲思的艺术境界。

写作技巧小练笔——情景小剧场

同学们，你们是否已经完全掌握了比兴这一手法呢？比兴手法是客体在前，主体在后。好好想一想，然后运用这一手法来写一段文字吧，主题不限，可随性发挥。

写作参考示例

那年初夏

夏时节，阳光温婉而招摇，风也恬谧，云也轻柔。恍然间，春天已经过去，舒适的夏天正迈步走来。

仿佛古代的文人都很喜欢这个时节，曾几在《三衢道中》写道："梅子黄时日日晴，小溪泛尽却山行。"五月本是江南梅雨时节，遇到这日日晴天，心情自然舒朗，于是诗人乘舟泛溪而行，增添游兴。赵师秀在《约客》中写道："黄梅时节家家雨，青草池塘处处蛙。"诗人也道出了江南梅子熟了的季节，大都是阴雨绵绵的时候。这首诗句情致典雅，含蓄深蕴，余味悠长。唐代诗人高骈在《山亭夏日》一诗中，如此写道："绿树阴浓夏日长，楼台倒影入池塘。"读来顿觉明净和清新，初夏的风光历历在目，此间情趣为读者所赏心悦目。另有杨万里、司马光和白居易等文学家都写诗作词来歌咏初夏这一美好时节。

我曾有幸去过江南几次,碰巧是在初夏。江南的风光宜人,我置身于秀丽的风景之中,仿佛与之融为一体,也成为如诗江南中的一个意象。街边卖花的阿婆念叨着:"镜子越擦越亮,脑筋越动越灵。"

我闻声凑了过去,阿婆又说:"油灯不拨不亮,真理不辩不明。"我的内心大受震撼,卖花的阿婆竟如此有文化,能说出这样有哲理的话来。与阿婆聊了聊,原来阿婆在闲时,喜欢读书,就有了一些文化。从阿婆那买了一些花,给了阿婆碎银几两。

家里也养了许多盆花,生活在城市里,这些花会让我联想起大自然,为我增添许多闲情雅趣。各个季节有各个季节盛开的花朵,大诗人陆游在《初夏绝句》中写道:"纷纷红紫已成尘,布谷声中夏令新。"春天盛开的百花都已凋谢入土,在布谷鸟的啼叫声中夏天已经到来。我还来不及悲伤春花的凋谢,夏花就已悄然绽放。有四季的花朵陪伴,我躲在书房的一隅,看书中的人生百态,看世间的轮回变化,这里会有布谷鸟叫出夏天,也会有其他的鸟叫出秋天和冬天。四季更迭,我们只需且行且珍惜。

犹记那年初夏,我行走在西湖断桥上,嘴里吟咏着仲殊的词句:"西湖又还春晚,水树乱莺啼。"不一会儿,雨点掉落下来,我没有带伞,便安静地被雨淋着。这时,一柄油纸伞打在我的头上,我侧目望去,那是一个身穿白衣的女孩,她浅浅微笑,酒窝里仿若注满了酒。她是一个爱诗的女孩,我们聊了很多很多。直到雨停,阳光从密云中照射下来,我们互相挥手作别。我们的一生中会有很多次遇见和别离,如同四季更迭,会让我们遇见很多个夏天。

又是一年初夏,我望着开得繁茂的夏花,轻轻合上了一本古诗集。抬头望向窗外,我好像又看到了江南水乡,流水潺潺……

写作参考示例点拨

这是一篇优美的散文,作者引用了许多诗句,来表达对初夏时节的喜爱。又提到了卖花的阿婆,阿婆所说的那两句话,富有哲思,是典型的比兴手法。本文意境悠远,情感真挚动人。

33.跟唐诗宋词学伏笔手法

模仿范本

问刘十九①

唐·白居易

绿蚁新醅酒②,红泥小火炉。

晚来天欲雪③,能引一杯无④?

注释

①刘十九:即刘轲,是诗人在江州相识的朋友。十九:指排名。

②绿蚁:未滤清时,酒面泛起酒渣,色微绿,细如雨,称为"绿蚁"。醅(pēi):没过滤的酒。

③欲:将要。

④无:疑问语气词,相当于现在的"否""吗"。

译文

新酿的米酒,色绿香浓。小小的红泥炉,烧得很旺。

天快黑了大雪降至,能否共饮一杯暖酒呢?

写作技巧妙梳理

伏笔,指文章或文艺作品中,在前段里为后段所做的提示或暗示。换言之,就是上文看似无关紧要的事物,对下文将要出现的人物或事件预先做的某种暗示或提醒。伏笔是文学创作中叙事的一种手法,运用伏笔,可以交代含蓄,使文章结构严密、紧凑,不至于显得突兀。当然伏笔要伏得巧妙和自然,切忌刻意、显露。

《问刘十九》一诗中,以叙家常的语气,朴素无华的语言,通过写对把酒言欢的渴望,体现出了朋友间诚恳亲密的关系。"晚来天欲雪",这一句为全诗打了一个大大的伏笔,天快黑了大雪降至,与之相照应的是,能否来共饮几杯呢? 更何况酒已经烧红,小火炉也烧得正旺。

写作技巧小练笔——情景小剧场

同学们,你们看过马戏团的才艺表演吗?那可是非常精彩和有趣呢,想一想在马戏团可以发生什么奇妙有趣的故事,然后写一段与之相关的文字吧,记得要用上伏笔这一手法哦。

写作参考示例

月亮马戏团

月亮马戏团成立很久了,如果你没有看过月亮马戏团表演的节目,那可真是太遗憾了。月亮马戏团在哪里呢?自然是在月亮上,其实月亮很大很大,足足有一个篮球场那么大吧!

月亮马戏团里并不是小动物在表演,而是小星星们,小动物们是坐在台下的观众。可能你要问了,我该去哪里买门票呢?其实,月亮马戏团并不卖门票,只要你把自己喜欢的一个东西放在月光下,然后闭紧眼睛,念着"月亮月亮"。当念到第十个月亮的时候,就可以睁开眼睛了,你就会发现你正坐在白白的云朵上,眼前就是星星们在表演节目。不过,那个你喜欢的东西就会在月光下凭空消失了。

星星们表演的节目太精彩了,你会忍不住鼓掌喝彩的。直到天快亮了,小公鸡开始打鸣,月亮马戏团才会结束表演。晨光会形成一道滑梯,顺着滑梯,就从天上回到了地上。

慢慢地,月亮马戏团的名声便在童话谷传开了,每个小动物都想去看看。于是,他们都找出自己喜欢的东西来,闭着眼睛,念着"月亮月亮"。每天,月亮马戏团都会有新的节目,小动物们百看不厌。夜晚的童话谷是静悄悄的,因为小动物们都在天上看节目呢。

可是一段时间后,大家却发现自己喜欢的东西没多少了。鼠小弟有一根手绳,那是他最喜欢的东西,因为那可是鼠奶奶亲手给他编织的。猪大婶有一条花手绢,她太喜欢这个手绢了,简直爱不释手。百灵鸟头上的草帽是好朋友稻草人给她的,她可舍不得用它来当门票。

这可怎么办呢？要不随便拿一件东西，就当是自己喜欢的，不就可以了吗？鼠小弟早就想到这个法子了，不过这根本没有用。不论念多少声月亮，也根本去不到天上，只有拿出自己喜欢的东西来才可以。

"月亮马戏团也没什么好看的，以后我才不去看呢！"许多小动物在心里暗暗说道。

可是，当太阳下山的时候，小动物们抬着头看着天上的月亮和星星，又忍不住想去看看新的节目是什么，一定很精彩吧。鼠小弟摸了摸手绳，猪大婶揉了揉花手绢，百灵鸟把草帽摘下来，拍了拍。他们会去看月亮马戏团吗？谁也不知道。

一段时间后，童话谷突然有了一个马戏团，团员就是鼠小弟、猪大婶等童话谷里的小动物们。他们表演得有模有样，每一个节目都精彩极了。天上的月亮和星星都忍不住低下头偷偷地看。但是，可不能白看，每看一次，都要归还给小动物们一个他们原本凭空消失的东西。

不久后，小动物们便收回了之前拿出的所有东西。月亮和星星再也拿不出东西来了，可是他们却非常想看童话谷的马戏团表演。其实，小动物们也非常想看月亮马戏团的节目。

后来，他们找到了一个好的解决办法。如果今晚是月亮马戏团表演，那么明晚就是童话谷的马戏团表演，只要你喜欢，你就可以随便地看。欢声笑语从不间断，咯咯的笑声从天上传到地上，又从地上传到了天上。

写作参考示例点拨

在这篇小故事中，所运用到伏笔的地方，就是把自己喜欢的东西当作门票。以此对下文将要发生的事情做了暗示，即喜欢的东西已经所剩无多了，但依旧想去月亮马戏团看表演。结尾处很让人感动，因为他们选择了和解，他们都很快乐。

34. 跟唐诗宋词学点面结合手法

模仿范本

阮郎归·西湖春暮

宋·马子严

清明寒食不多时①, 香红渐渐稀。
番腾妆束闹苏堤②, 留春春怎知。
花褪雨③, 絮沾泥④, 凌波寸不移⑤。
三三两两叫船儿, 人归春也归。

◈ **作者简介**

马子严(生卒年不详), 字庄父, 自号古洲居士。南宋文人。

◈ **注释**

①不多时:过了没多久。

②番腾:即翻腾。此处指翻腾衣柜, 寻找春衣。

③花褪雨:花朵被雨洗洒而褪去鲜艳之色。

④絮沾泥:柳絮飘落于泥中, 被粘住而无法飞扬。

⑤凌波:指水仙, 这里指女子步履。寸:寸步。

◈ **译文**

清明、寒食节过了没多久, 百花渐渐褪去了原有的绚丽色彩, 慢慢凋谢了。人们为了挽留春光, 翻腾衣柜, 找出春天穿的衣服, 纷纷出城来到苏堤, 尽情游玩。想留住春天的脚步, 然而春天却不懂得人们的用意。

大雨过后, 花朵被雨水洗洒而褪去鲜艳之色, 柳絮飘落在泥中, 被粘住而无法飞扬, 赏花的女子似乎没有受到影响, 一步也没有移动。两个、三个游人结伴乘着船回去了, 春天的脚步声也随之渐渐远去了。

写作技巧妙梳理

点面结合, 指的就是详写与略写的结合。"点"是对事物的详写, "面"是对多个事物的略写。"点"也可是对个别或物的细致刻画，"面"是对全场情景的总的概括描写。

点面结合，是写作中的一种较为常见的手法，常用在描写某一事物时，同时进行一般性和特殊性的描写，使得文章更具说服力，突出了一般与特殊的辩证关系。也就是说，体现了客观世界中局部与整体的辩证关系。在"面"的整体中写"点"，在"点"的基础上写"面"，使得点面更好地结合，这样可以较为深刻地揭示事件的意义，使之更加鲜明突出。

在马子严的这一首词中，描写了暮春的景色。"清明寒食不多时，香红渐渐稀"一句是写清明寒食之时，鲜花凋败时暮春的总体景色。下一句，人们闹苏堤总写了游苏堤的人，此两处为"面"；大雨过后，花朵被雨水洗洒而褪去鲜艳之色，柳絮飘落在泥中，被粘住而无法飞扬。这些都是暮春中的细节描写。女子驻足不前，人们陆续叫船归家，这也是细节描写。此两处为"点"。作者通过点面结合，描写出了苏堤的暮春景色，显得更加生动鲜明。

写作技巧小练笔——情景小剧场

亲爱的同学们，回想一下，你们最爱吃妈妈做的什么饭菜呢？或者是奶奶、姥姥做的都可以。其中又发生了哪些故事呢？请为之写一段文字吧，注意要运用到点面结合的手法哦。

写作参考示例

三代人的冷面

烈日炎炎，如果能吃上一碗冰镇的冷面，那可真是太爽了。路边小摊、店铺，以及个人家都能看到冷面的身影。冷面的制作成本不高，美味又消暑，便成了大众所喜爱的美食。

奶奶是朝鲜族人，生在吉林延边。据奶奶说，她从小就会做延边冷面，而且是最正宗的那种。奶奶喜欢一边做冷面，一边给我讲制作的方法。

首先，将牛肉切大块浸凉水洗净，放进凉水锅里以旺火煮开后，撇去表面漂浮的血沫，然后放入酱油和精盐，改微火炖之。另将葱、胡萝卜装一特制小布袋里放入锅中。待牛肉完全炖熟时，捞出，等到晾凉时，切成小薄片。

再将荞面、淀粉按一定比例混倒在和面盆里,用开水烫成稍硬的面,加适量碱,揉好。叠成圆条,放入特制的挤筒内,快速压制成面条,随即放进开水锅里煮。面条熟后再放入凉水中过凉,之后装碗上桌。

面条上放辣白菜等时令蔬菜以及四五片熟牛肉,浇上蒜辣酱(用蒜泥、干辣椒面、水搅成糊状的酱),再放入水果片、鸡蛋丝,最后浇上牛肉汤,撒上熟芝麻,淋上香油就可以了。

奶奶做的冷面很烦琐,但奶奶是很认真地在做这道食物。奶奶说,每一道食物都有其悠久的历史。是的,冷面的制作可以追溯到唐朝时期。奶奶做的冷面实在美味,要比母亲做得好上很多。

奶奶逝去后,母亲开始尝试着做冷面。母亲性子急,把很多工序都给省掉了。母亲的制作方式简单:从市场上买回来现成的制作冷面的面条。牛肉自然也省去了,鸡蛋丝、柿子片、辣白菜这些食材自然还是要准备的。面条煮好后,放进碗里晾凉,再将这些食材一股脑地装进碗里,倒入酱油,淋几滴香油和辣椒油。母亲的冷面就制作完成了。

后来,我长大成了家,离母亲住的地方就远了。偶尔心血来潮,想吃冷面,就去市场上买现成的面条和冷面汤包。回家把冷面煮好,倒入汤包,我的冷面就制作完成了。或者,不愿动的时候,直接叫一份外卖,外卖小哥很快就将一碗做好的冷面送到了家门口。

今年夏天中旬,母亲做了冷面给我送来,我猛然间发现,那是一碗正宗的延边冷面。我吃着冷面,想起了三代人之间的往事……

写作参考示例点拨

本文以冷面为线索,缓缓展开故事情节,叙述了三代人的冷面。本文详写了奶奶那辈人制作的冷面,此处为"点",略写了"我"和母亲制作的冷面,此处为"面"。作者通过运用点面结合的手法,将三代人的生活节奏以及对亲人的爱,十分鲜明生动地凸显了出来。

35.跟唐诗宋词学远近结合手法

南柯子·忆旧①

宋·仲殊

十里青山远，潮平路带沙②。数声啼鸟怨年华③。又是凄凉时候，在天涯④。白露收残暑⑤，清风散晚霞⑥。绿杨堤畔问荷花：记得年时沽酒，那人家⑦？

◎作者简介

仲殊(生卒年不详)，字师利，北宋僧人、词人，仲殊为其法号。

◎注释

①南柯子：又名《南歌子》，唐代教坊曲名，后用于词牌。

②潮平：指潮落。

③怨：指鸟哀叹。

④凄凉时候：指天各一方的凄凉日子。

⑤白露：露水。收：消除。残暑：指余热。

⑥散：一作"衬"，送。

⑦年时沽(gū)酒：去年买酒。那人家：指作者自己。

◎译文

远处的青山连绵不断，潮水退去了路上还带着泥沙。偶尔听到几声鸟鸣，似乎是在哀叹时光流逝。又是凄凉冷漠的秋天了，我远在天涯海角。

秋凉的露水消除残暑的余热，阵阵清风吹散了晚霞。走到那似曾相识的绿杨堤畔，我询问塘中盛开的荷花。你是否还记得，去年在这里来买酒的我吗？

写作技巧妙梳理

远近结合，通常出现在写景诗或借景抒情诗中。通过对远景和近景的细腻刻画，可以从不同角度来描写景色的特点，给读者以完美的形象。可以由远及近，也可以由近及远,这样可以条理清晰,便于读者接受。

在《南柯子·忆旧》一词中,作者通篇写景,却无不是在抒情,抒发了词人对俗世生活的眷恋。全词笔调清新素雅,柔和优美,在淡淡的悲伤中,写出了一番凄凉,也写出了一种漂泊。词中的第一句"十里青山远,潮平路带沙"便运用了远近结合手法,"十里青山远"是远景,一个"远"字,更是写出了词人不知归期的惆怅心境。"潮平路带沙"是近景,由远及近,点出了行人的具体环境。

写作技巧小练笔——情景小剧场

同学们,你们想成为天上的一颗亮闪闪的星星吗? 你们有没有发现夜空中的星星越来越少了呢,星星到底去了哪里? 是不是去流浪了呀! 还是说有别的原因呢? 请大家想一想,然后写一段文字吧,记得要用上刚刚学到的远近结合手法哦。

写作参考示例

星星流浪记

"天上的星星为什么少了呢? 每天晚上都雾蒙蒙的,除了月亮,几乎看不见星星了。"小女孩看着夜空,轻轻叹了一口气。

"那是因为星星们都去流浪了呀!"妈妈笑着说。

"流浪?"小女孩想了想,"天上不好吗,为什么要流浪呢?"

"天上很好呀,至于星星们为什么要流浪,这就要慢慢说起了。"

坐在天台上看着夜空的小女孩,眼睛一眨一眨的,听着妈妈讲关于星星流浪的故事呢。一阵风吹过,一些故事就被风吹跑了,风敲了敲我的门,把故事交给了我。因为风知道,我会把这个故事说给更多的孩子听。

原来,最初夜空中只有一个月亮,并没有星星,周围是一片黑暗。有一天,月亮姐姐感到很孤单,就四处地张望,看到了河里的鱼、树上的猫头鹰、山上的小熊,以及村庄里的小男孩。

夜晚那么安静,月亮姐姐说话的声音很小,但大家都清清楚楚地听到了:"谁想到天上来呀,我可以把它变成美丽的星星。"

河里的鱼听到了,吐着泡泡说:"月亮姐姐,我要变成星星到天上去! 我想去天上看看,看看别样的风景!"

山上的小熊听到了，憨憨地说："月亮姐姐，我要变成星星到天上去。妈妈每天都骂我，我可不想再听妈妈的骂了！"

村庄里的小男孩听到了，大声喊："月亮姐姐，我要变成星星到天上去，我没有爸爸妈妈，没有任何家人，村里的小孩子都欺负我，我不想再受欺负了！"

月亮姐姐——记下来，笑着说："好的，我这就把你们变成星星！"月亮姐姐冲着鱼吹口气，鱼就变成了一颗小星星，从河里飞出来，一直飞到天上去了。小熊、小男孩，以及其他的小动物，凡是想变成星星的，都变成了星星，飞到了天上。

夜空中一下子便热闹极了，月亮姐姐再也没有感到孤单，因为和星星们有说不完的话，可没有多余的时间来孤单。有了星星们的点缀，夜空也更加美丽了。

"变成星星可真好！"星星们都这么以为。鱼可以看到更别致的风景了，小熊再也听不到妈妈骂它了，小男孩再也不会受到欺负了。你看，变成星星就是这么好。

可是一段时间过去了，鱼却想念起自己的小河了，鱼心想："虽然小河很小，可那是我的家呀。在水里游啊游，那才痛快呢！外面的风景看看就可以了，还是要回家的。我不想再成为一颗星星了。"

小熊也想自己的妈妈了，天底下哪里有不爱自己孩子的妈妈呢？小熊心想："虽然妈妈经常骂我，但也很疼爱我，我不淘气的话，妈妈还会叫我'小宝贝'的。我想妈妈了，我不想再成为一颗星星了。"

小男孩透过云层，看着自己的村庄，心想："虽然我会受到孩子们的欺负，但村里的大人都很关心照顾我。每一次，只要知道我被欺负了，大人们一定会为我伸张正义的。我想他们了，我不想再变成一颗星星了。"

其他的小动物们也都想家了，都不想再变成一颗星星了。虽然谁都没有说出来，但月亮姐姐听得到它们的心声。趁着星星们呼呼大睡的时候，月亮姐姐对它们轻轻地吹了一口气，它们便马上从天上飞回到了地上，变回了各自原本的模样。等到天亮的时候，它们醒过来，就会发现自己已经变回来了。

从那以后，天上的星星就非常少了。不过，经历了这件事后，大家都很珍惜和喜欢现在的生活，熊妈妈再怎么骂它，小熊也不会生气了。小熊说，妈妈的骂也是一种爱的表达。

故事讲到这便结束了。小女孩听得很认真，问妈妈："可是哪里有流浪呢？星星们并没有流浪呀！它们只是变回了原本的模样，回到了各自的家。"

妈妈耐心地解释:"是在流浪呀,因为离开家的那一刻起,就算流浪了。"

小女孩似懂非懂地点点头。小女孩又有了疑惑:"但是,每天都雾蒙蒙的,是不是这些云雾遮住了星星呀?那些工厂的上空每天都飘着黑黑的浓烟,味道真难闻!"

"有可能吧。"妈妈拍拍小女孩的头,"不过总有一天,人们会重视这个问题的,并做出积极的整改。就像故事里的鱼、小熊和小男孩,总有一天会醒悟过来的。"

小女孩再一次似懂非懂地点点头。小女孩看了看不远处的工厂,又抬头看了看天空。月光那么美,柔柔地照在大地上。一阵风吹过,几颗星星在夜空中若隐若现地亮了起来。

写作参考示例点拨

文中有两处运用了远近结合的手法,都是由近及远,由近景到远景。一处是以月亮的视角,另一处是以小女孩的视角,从不同的角度出发,带给了读者空间感,以及一定的思考。

36.跟唐诗宋词学欲扬先抑手法

模仿范本

唐·韩愈

新年都未有芳华①，二月初惊见草芽②。

白雪却嫌春色晚③，故穿庭树作飞花④。

❖作者简介

韩愈(768—824),字退之,自称"郡望昌黎",世称"韩昌黎""昌黎先生"。唐代文学家、思想家、哲学家。韩愈是唐代古文运动的倡导者,被后人尊为"唐宋八大家"之首,与柳宗元并称"韩柳"。主要作品有《师说》《进学解》等。

❖注释

①新年:指农历正月初一。芳华:泛指芬芳的花朵。

②初:刚刚,刚才。惊:新奇,惊讶。

③嫌:嫌怨,怨恨。

④故:故意。

❖译文

新年都已经来到,但还看不到芬芳的花朵。到了二月,才新奇地发现有小草冒出新芽。

白雪也嫌春色来得太晚,所以故意化作花在庭院树间穿飞。

写作技巧妙梳理

欲扬先抑,顾名思义,就是指先贬低后褒扬。先表达对其所描写的人、事物的不满之情,然后再大加赞美。虽有贬低,实则是为了赞扬。运用这种手法,可以使得情节多变,波澜起伏,形成鲜明的对比,更容易留给读者深刻的印象。其实,"扬"和"抑",都是艺术手法中一种能起到强调意味的手段。

《春雪》一诗构思精巧,运用了欲扬先抑、拟人等多种手法。诗中的第一句是

"抑",因为已经是新年了,却不见春色,透露出了诗人盼春的焦急心态。而后三句,却是一扬再扬,表达了看到春景的惊讶和欣喜。第三、四句运用了拟人的手法,借用白雪来说耐不住等待,竟都纷纷扬扬地来装点着春色。诗人欲扬先抑,表达出了对春色的喜爱之情。

写作技巧小练笔——情景小剧场

提及父亲,同学们想用什么词来描述呢?是严厉,还是沉默?是疏远,还是陪伴?我们一定有与父亲一起发生过很多事,难过的、开心的。不妨写一段关于父亲的文字吧,可以用到刚刚学到的欲扬先抑这个手法哦!

写作参考示例

睡在门外的父亲

叔是节俭了一辈子的,叔的节俭是一般人比不来的。要想在叔的手里拿出钱来,那可比登天还难。我们这些孩子都不喜欢叔,因为叔"抠",舍不得花钱给我们买吃的。

叔不但对我们"抠",对自己的孩子和老婆也"抠",叔的节俭是过了头的。

堂弟高考的那年,考点是在县城的某个中学,而堂弟家在农村。所以高考前一天,堂弟和他爸爸,也就是我叔,坐客车来到了县城,在这个举目无亲的地方,他们只能找个廉价的宾馆住一宿。

好不容易找到了一家价钱公道的宾馆,住了进去。堂弟马上打开书包,拿出复习资料开始复习,叔去外面买了水果和晚饭。晚饭吃得都不怎么样,叔比堂弟还要紧张,却告诉堂弟不要紧张,只是一次考试而已。

叔没上过学,说不出来什么大道理。但叔用他自己的话安慰堂弟。叔说,男子汉大丈夫,遇到任何事都不能慌,不能做胆小鬼,那样会没出息的。不过,叔说完这句话,咽了三口唾沫。堂弟还听到了叔的颤音。

夜深了,叔很困了,叔揉揉眼睛看着堂弟,堂弟还埋着头看书。叔不敢打扰堂弟,害怕影响明天的考试发挥。叔有个习惯,睡觉的时候会打呼噜,而且呼噜的声音很大。叔舍不得花钱住两间屋,又害怕呼噜声会影响到堂弟。

叔悄悄地走了出去,堂弟全神贯注地在看书,并没有发现。叔在走廊里走了两圈,一屁股坐在了走廊的一个角落,闭着眼睛睡了起来。不知道是几点,堂弟也很困了,趴在书桌前睡着了。

天快亮了,走廊里开始有人走动,叔醒了过来。去卫生间洗了把脸,然后悄悄打开门,看了一眼熟睡的堂弟,又把门悄悄关上。叔买回油条豆浆的时候,堂弟已经醒了。

吃过早饭,堂弟和叔害怕迟到,便早早地往考点出发了。时间到了,考生们一个个地走进考场,堂弟也走了进去。叔在外面伸长脖子望着,直到看不到堂弟的背影。

时间对于考生们来说,过得很快很快,但对于考点外的家长们来说,却过得很慢,甚至是一种煎熬。叔来回踱步,许多家长的脸上也写满了焦急。

最后一科结束了,不论考得怎样,这一刻考生们是轻松的。叔破天荒地带着堂弟下了一次饭馆,点了好几道菜。两人还喝了几瓶啤酒。坐着下午的客车回家,车上两人睡得酣畅。

堂弟是不知道叔睡在门外的走廊的,我为什么知道呢?那是有一天,我和叔喝酒喝醉了,叔告诉我的。我和叔为什么喝酒呢?那是因为堂弟考上了好大学。对了,那天就是堂弟去大学报到的那一天。

叔虽然节俭,但堂弟去上大学报到的时候,兜里可揣了不少钱,那都是叔给的。叔说,出门在外,不能让人瞧不起。想咋花咋花,不够家再给你寄。叔想了想,又说,但也别在没用的地方花,毕竟钱来得不易。

叔的形象顿时就在我的心中再次升起了,我对叔充满敬意。

写作参考示例点拨

这是一篇令人感动的文章,文中的"父亲"有缺点,很"抠",但从他睡在门外,以及给孩子钱的事情上,"父亲"又伟岸了起来。本文是要赞美"父亲"的,但采用了欲扬先抑的手法,使得情节多变,更利于读者接受了。

37.跟唐诗宋词学倒装手法

模仿范本

登鹳雀楼

唐·王之涣

白日依山尽^①,黄河入海流。

欲穷千里目^②,更上一层楼^③。

◈**作者简介**

王之涣(688－742),字季凌,唐代诗人,是盛唐时期有名的诗人之一。精于文章,善于写诗,尤其擅长五言诗。不过,遗憾的是存诗只有六首。

◈**注释**

①白日:太阳。依:依傍。尽:沉没,消失。

②穷:尽,达到极点。

③更:再。

◈**译文**

夕阳依傍着山慢慢地沉没,滔滔黄河汹涌奔流流入东海。

若想把千里的风光美景看够,那就要登上更高的一层城楼。

写作技巧妙梳理

倒装,也可称为"颠倒",是指古人在写作时候,为了文章表达的某种需要,特意将某个词,或某个句子的语序进行颠倒。通常可分为:倒词、倒句和倒叙。

当为了要符合音律的要求时,常会使用倒装。有时候,为了要突出或强调某种情感,也会使用倒装。以及有些作者为了追求"新意",有意识地让句式错落变化,也会使用倒装。倒装的用处很大,是我们所不能忽视的一种修辞手法。

在王之涣的这首《登鹳雀楼》中,"欲穷千里目"这一句便是运用了倒装的修辞手法,本该是"目欲穷千里"。这是诗人为了与下句"更上一层楼"形成对仗,以及为了适应诗歌平仄要求，因而改变了语序。

写作技巧小练笔——情景小剧场

同学们，你们设想过自己有一天可以在天空中飞翔吗？就像鸟那样，无拘无束，自由自在。对于鸟，你有怎样的认知呢？你喜欢鸟吗？喜欢它们的羽毛或叫声吗？请为此写一段文字吧，记得要用倒装的手法来写哦。

写作参考示例

秋日鸟鸣

今日秋分，空气是有些泛冷的。早上的时候，雾气很大，但没过多久，雾就悄悄散去了。太阳出来了，接着是阳光，再接着是鸟的叫声。

一连许多天的阴雨天气，今日的天空放晴，让心情也不由得舒畅了起来。捧一本书读着，阳光透过窗户洒进来，轻轻地落到纸张上，也落在我的身上，那么暖，那么明亮。不远的地方，几只麻雀在叫着，没看到它们的身影，但听见了它们的声音。不是吵闹，只让我更加沉静。

我是喜欢听这样的鸟鸣的，小时候，鸟多，都站在电线上，黑乎乎地站成一排，叽叽喳喳，叽叽喳喳喳叫着，像是在开会，又像是在唱歌。村庄因此而有了生机，也有了响动。

在房檐下，燕子筑了巢，里面有几只雏鸟。每天天不亮的时候，就开始叫着，估计是饿了，又估计是盼着快点长大，可以在天空中任意飞翔。燕子妈妈很劳累，我在院子里的时候，经常能看到她的身影，飞出去，又飞回来，不过再飞回来的时候，嘴里衔着食物。这时候，母亲唤我吃饭，抬头看着烟囱里升起的炊烟，把整个村庄都染白了。

村庄的四周都被林木覆盖着，山上有野鸡，也有野兔，但还要数鸟最多。喜鹊寓意着吉祥，乌鸦寓意不好，所以大家都躲着它。在村庄，活得逍遥自在的鸟，几乎都是带有某种寓意的。别的鸟，就没那么幸运了，常常被弹弓打落，被夹子夹到，因此而成了别人口中的食物。

我是不喜欢打杀鸟的。鸟在空中飞,我在大地上走,彼此并无干预,也没有什么交集。我没看到过有鸟把巢安放在地上,也没看到过有人把房子建造在树上。

人是羡慕鸟的,说到底。所以人们学着飞翔,学着歌唱鸟的歌声。我曾听过一首曲子,叫作《百鸟朝凤》,鸟的叫声被唢呐演奏得活灵活现、惟妙惟肖。

鸟会是树林的使者吗?我常在想。它们传递着树林的声音,也是树林的一部分。它们以林而居,以林而食。谁会打破这一原本自然美好的景象呢?我不知道,也不敢设想。

恐怕再难有这样的好天气了,秋日飒爽,又沐浴在温暖的阳光中,是那么的惬意自在。不过,马上就到冬季了,天气一天天变冷,直到落下的雨,在上空中成为雪,然后缓缓落下来。小时候,冬日是不常见到鸟的。而今,鸟都是不常见了的,不论在一年四季中的哪一季节。

刚刚的鸟鸣,此刻已经停止了,它们一定是飞到了别的地方去。城市只适合它们短暂地逗留,却不能长久地停留。是鸟,就应该回到林中去;是鱼,就要在海里、河里游;是人,就应该落回地面,一步一步行走。如果万事万物各司其职,互不干扰,那这个世界会增添多少的光彩呢?

把书合上,放回书架,再来到窗边,望着。轻柔的风吹来,你是要传达给我什么消息吗?关于秋日的,关于树林的,还是关于一只鸟的呢?鸟鸣的声音再次响起,这一次,我一定会仔细看,慢慢听……

写作参考示例点拨

本文有几句是倒装句,运用了倒装的修辞手法,突出了"我"对鸟的热爱。作者通过对秋天鸟的鸣叫,有了一番追忆和思考。作者创作本文的目的,或许就是为了让我们尊重大自然,爱护鸟。

38.跟唐诗宋词学色彩点染手法

模仿范本

山行

唐·杜牧

远上寒山石径斜，白云生处有人家①。
停车坐爱枫林晚②，霜叶红于二月花③。

作者简介

杜牧（803—约852），字牧之，号樊川居士，是晚唐诗坛上独树一帜的杰出诗人。与杜甫合称为"大小杜"，与李商隐并称为"小李杜"。杜牧诗最具现实主义和进步性的是论政议兵、忧时伤乱及抒写壮志的一类。当然也有反映城市生活、写景抒情等各种题材的作品。杜牧这种不追逐时尚的创作精神在晚唐诗坛的确是难能可贵的。

注释

①白云生处：指白云缭绕的深山。

②坐：因为。枫林晚：指深秋时候的枫林晚景。

③霜叶：枫叶经霜变红。

译文

一条弯弯曲曲的小路蜿蜒伸向山头，白云缭绕的深山隐隐约约有几户人家。

因为喜爱那枫林晚景我把马车停下，霜染的枫叶胜过了二月的鲜花。

写作技巧妙梳理

色彩点染，即是通过色彩的描绘、点染，唤起读者的联想体验，展现出一幅幅多彩的画卷，实现"诗中有画"的佳境。诗歌虽然不能像画那样直观地再现色彩，但可以通过语言文字的描写进行传达。许多诗人都会在写诗的时候运用到色彩点染，这可以给诗歌带来浓郁的画意。也可以通过用鲜明的色彩对比，来增加情感的深度。色彩的搭配和组合，会使得内容具有立体节奏感，描绘出诗人开阔的心境。

这首诗描绘了一幅寒山秋色图。诗人没有像一般封建文人那样哀伤叹息萧条、凋零和凄清的秋色,而是热情歌颂了秋叶胜花的大自然的秋色之美,体现了豪爽的精神。

诗中的第四句是中心句,前面"石径""白云""人家""枫林晚"这些疏淡的景致均为艳丽的秋色做衬托,诗人自在画中,秋景更为迷人。从整个画面的布局和色调上看,也是采取了疏密、虚实、浓淡、显隐、远近、高低、冷暖等对称的艺术表现手法,构成丰富多彩又和谐统一的整体。

写作技巧小练笔——情景小剧场

亲爱的同学们,让我们想一想,什么事物颜色比较多呢?彩虹、花朵等这些颜色可都不少,那不如选取自己喜爱的一种事物,来写一段文字吧,记得要用上我们刚刚学到的色彩点染这一写作手法哦。

写作参考示例

欢喜花

仙女姐姐有一双洁白的翅膀,那对翅膀可以带着她飞到任何地方。仙女的家住在天上。如果你抬头看着天空时,看到了一大朵彩虹云,那么恭喜你,你看到的就是仙女的家。仙女的家有一个大大的院子,院子里有仙女种下的无数鲜花,每一种花代表着一种情绪。

如果仙女心情很不好,就凑到红色的牡丹花身旁,闻一闻牡丹花散发的芳香,那么仙女就会心情舒畅,甚至会开心地跳起舞来。牡丹花代表着欢喜。牡丹的旁边一株粉色的芍药花,如果仙女不小心嗅到了芍药,就会不由自由地皱起眉头,露出哀伤的表情。芍药花代表着悲伤。花园里还有白色的蒲公英、梨花、蓝色的莲花、黑色的玫瑰等,仙女每天都会给它们浇水,这些花朵都在苗壮地生长。

有一天,牡丹花不知道生了什么病,突然凋谢了。但还好,仙女姐姐还留有牡丹花的种子。仙女小心翼翼地把种子种下去,期待它快点长大。

风小弟真是太调皮了,他趁仙女不在家的时候,飞到了院子里。风小弟用尽全部力气,"呼呼"地把鲜花的花粉都吹到了空中,花粉在空中飞舞着,五颜六色地融会在一起,天空就像小女孩手里的油画。如果被一个诗人看到了,他一定会写出一首甜甜的诗;如果被一个画家看到了,他一定会立刻把这景象放到白纸上;如果被一个摄影家看到了，他一定会拿起相机，找准焦点，把最美的画面留下来。

风小弟被这些花粉弄得鼻子痒痒的，突然打了一个大喷嚏。花粉就被吹到了大地上。风小弟说："这下，我可要惹祸了。"说完，风小弟就偷偷地溜走了，谁也看不到他躲到哪里去了。

正在晾衣服的熊妈妈闻到了花香，突然就觉得很难过。熊妈妈一边晾着衣服一边悲伤地哭泣："我的小熊怎么还不来看看我呢？他是忘了我这个妈妈了吗？"

松鼠从树洞里走了出来，正准备伸伸懒腰的时候，闻到了花香。松鼠顿时觉得很愤怒："蛇小妹真是太过分了，总是爬到树上来偷吃我的坚果。"

老虎费了一些力气抓到了猎物，老虎吃得正欢的时候，闻到了花香。老虎倏地打了一个激灵。声音颤抖地说："真是太害怕了。我虽然很厉害，但一定有比我更厉害的动物，说不定也会吃了我。"老虎夹着尾巴回到了家，把门关得严严实实的。

所有的动物陆续都闻到了花香，动物小镇简直乱套了，悲伤的、愤怒的、恐惧的各种声音此起彼伏，甚至还传到了天上仙女的耳朵里。仙女正在和太阳公公聊天，仙女急忙拨开云层，看到了各种情绪失控的动物。仙女心想："糟糕，一定是院子里的花粉传了下去。"

仙女急忙飞回家，牡丹花已经盛开了，仙女姐姐松了一口气，仙女旋即又皱起了眉头，怎样才能把欢喜花的花粉传下去呢？风小弟来了："仙女姐姐，我来帮你吧！"风小弟铆足了力气，把牡丹花的花粉吹到了大地上。

动物们闻到了花香，心情都平复了下来，又露出了甜蜜的微笑。熊妈妈擦干眼泪，安慰自己说："小熊长大了，需要去外面拼搏奋斗。"松鼠也安静下来，仔细想了想："虽然蛇小妹没少偷吃我的坚果，但也在经常保护我啊，不然我早就被别的动物吃掉了。"老虎打开门，大吼一声："我可是森林之王，有什么好怕的呢？"

所有的动物都重新回到了原来的生活状态，甚至更加快乐了。仙女坐在秋千上，风小弟正大汗淋漓地吹动着秋千。仙女姐姐笑着说："这就是对你的惩罚！"

写作参考示例点拨

这是一篇很有趣的小故事，故事的第二段，便运用了色彩点染的手法，描绘出了一幅色彩斑斓的画卷，使得文章顿时有了画面感。

39.跟唐诗宋词学承上启下手法

模仿范本

念奴娇·赤壁怀古①

宋·苏轼

大江东去②,浪淘尽,千古风流人物③。故垒西边,人道是④,三国周郎赤壁。乱石穿空,惊涛拍岸⑤,卷起千堆雪。江山如画,一时多少豪杰。

遥想公瑾当年⑥,小乔初嫁了,雄姿英发。羽扇纶巾⑦,谈笑间,樯橹灰飞烟灭⑧。故国神游,多情应笑我⑨,早生华发。人生如梦,一尊还酹⑩江月。

注释

①念奴娇:词牌。唐代已有此曲名,因为其曲词音节高亢,所以英雄豪杰之士多喜用之。怀古:是文人以诗、词或文章凭吊历史人物、事件的一种方式。因为文人的介入,许多文人、古事、古迹被重新涂上浓重的文学色彩加以传播,可以说,"怀古"一词是最能体现传统观念中的"文史不分家"的。

②大江:长江。

③风流人物:指那些气度不凡、勇于建功立业的人。

④人道是:其实苏轼所游赤壁是他贬官所在的黄州赤壁矶,并非真正赤壁大战之处。苏轼以这三个字带出"周郎赤壁",不但不会降低词的艺术效果,而且更见其几分坦诚和睿智。

⑤惊涛:指翻滚的大浪,有拟人的效果。

⑥公瑾当年:周瑜大败曹操时仅 33 岁,时人称之周郎。

⑦羽扇纶(guān)巾:是描写作战中的周瑜充满儒雅风度。

⑧樯橹:指曹军的船舰。

⑨多情应笑我:是"应笑我多情"的倒装句。作为文学家应该有细腻而丰富的

感情。

⑩酹(lèi)：把酒洒在地上用以祭祀。

❖译文

　　长江之水滚滚不断向东流去,淘尽了多少千古风流的人物。那旧营垒的西边,人们说是,三国周瑜攻破曹军的赤壁。陡峭的石壁直耸云天,如雷的惊涛击打着江岸,激起的浪花好似卷起千万堆白雪。雄壮的江山奇丽如画,一时间涌现出多少英雄豪杰！

　　回想当年的周瑜春风得意,绝代佳人小乔刚嫁给他,他英姿奋发豪气满怀。手摇羽扇头戴纶巾,潇洒从容地在闲谈之间,就把强敌的战船烧得灰飞烟灭。我今日神游到当年的战地,可笑我多愁善感,过早地生出满头白发。人生犹如一场梦,还是倒一杯酒祭奠江上的明月吧。

写作技巧妙梳理

　　承上启下,即是承接上文,引起下文,在文章中往往能起到很好的过渡作用。同时承上启下,也可以使文章通顺而不至于突兀,更有层次感,自然生动。

　　这首词是苏轼贬官黄州时写的。此时"乌台诗案"给他带来的是"劫后余生"之痛,但这无法阻止苏轼向往古贤、励志有为的宏大信念。

　　本词上片写景,起首三句总写长江,气势滔滔,以"千古风流人物"直扣怀古主旨,借景自然生发出咏叹。第四至第九句写赤壁壮美之景。上片结尾句收住写景,转入下文对周瑜的赞叹。"江山如画,一时多少豪杰"也便是本词承上启下的过渡句。

　　"江山如画"总结上片,突出了江山如画的美景。"一时多少豪杰"引出下片三国时期周瑜的事迹。下片还兼怀古抒情,字里行间流露出对个人命运的无奈和忧伤。

写作技巧小练笔——情景小剧场

　　同学们,你们是否有知心的好朋友呢？你们是不是能常伴左右,还是离得很远,很久很久才会见上一面？朋友是我们生命中的一道光,给我们温暖、感动和帮助。不如写一段关于朋友的文字吧,可以写遇见,可以写相识,也可以写离别。当然,还是要用到我们刚刚学到的承上启下的手法哦。

写作参考示例

截一段目光,相赠

　　我去过你曾去过的地方,抚摸过你曾抚摸的。而你未曾留念,我却对此念念不忘。追寻不到你的身影,你的消息,但知道你还在这个世界上,我就很欣喜。

　　我不曾与你同行,也不曾目光相对。但我们头顶上的月光是一样的,我们望着一样的天空与星月。我走进你的梦,却发现原来是自己的梦。梦醒时分,还有淡淡的白月光,有一呼百应的孤独。

　　我常在想,一个人如何在这个世界上,安身立命。我在追求些什么,或者说,我在追逐什么。看着蝴蝶飞到花丛中,翩翩起舞;看着大雁往南飞,呈现一字型;看着雨水滴答地落下,滋润着土地。而我,是一片落叶,坠到河面上,被风吹远。

　　朋友,我如此呼唤你,你却不必听到。我们都有各自的道路,通往不同的方向。只是在时光的印证下,越来越远。但值得庆幸的是,我们相识一场,相识的本身就是一种恩赐。与太多的陌生人擦肩而过,我不会看,更不会回头,因为我知道他不会出现在我的生命里,连过客都算不上。但是朋友,我还是会善良一些,对这些陌生人温柔相待。

　　好像熟人都是从陌生人开始的,再慢慢变回到陌生人。

　　我会出现在谁的生命里,又会在谁的生命中悄悄退去?朋友,有一天你会忘了我吗?忘记一个人需要很大的勇气吧!我不善于忘记,也不善于长久地回忆。

　　离开一座城市,去往另一个地方。中国很大,若无缘分,很难会再遇到。若有缘分,走到天涯海角,也可能会相遇。那是不是说,所有的友情,都只是一场缘起,一场缘落。我相信缘分,也学着顺其自然。

　　我开始学会谅解,谅解一些人对我的误会,对我的攻击,以及默不作声的离开。也开始尝试容纳孤独和难过,读一本书,读到了结尾。追一部剧,追到了大结局。结局都会带有一点点悲伤,包括缘落和离开。慢慢地,我不会因为开始而欢喜,也不会因为结束而难过。因为我懂得,开始即结束,结束是另一种开始。

　　阳台上的那两盆水仙花凋落了,花期如此短暂,不过还有淡淡的花香。花开花落,我已分不清哪个是开始,哪个是结束。只能静默地望着,盼着。

　　你会过得很好吗?我盼望你会在另一个城市,开始新的生活,认识新的人,去一些新的地方,抚摸那些你未曾抚摸过的。而这世间一切美好之物,都在广阔无垠的天空下,被我的目光一一抚摸。

我看到过你的背影,你的影子那么长,我抬头看着夕阳西下,有说不出的滋味。有些情感是无法用言语来表达的,我只能截住一段目光,相赠。

这目光中,有三分祝愿,三分不舍,三分难过,以及一分的念念不忘。念念不忘,必有回响。

写作参考示例点拨

文中蓝色字体部分即是承上启下的过渡句,承接上文的出现,同时引起下文。通读全文,我们知道友情是无价的,但离开的时候,也不要太悲伤和难过。

40.跟唐诗宋词学侧面描写手法

模仿范本

唐·王昌龄

大漠风尘日色昏①,红旗半卷出辕门②。

前军夜战洮河北③,已报生擒吐谷浑④。

◈**作者简介**

　　王昌龄(约698—约756),字少伯,唐朝大臣,著名边塞诗人。有"诗家天子王江宁"之称。他的诗歌,内容比较丰富,以边塞、宫怨、闺怨、送别之作成就较高。尤其是边塞诗,不但生动地描绘了塞外风光,而且较深刻地反映了戍边将士的生活。王昌龄的诗以绝句成就最高,且七绝最为擅长,可与李白相较高下,有"七绝圣手"之称。

◈**注释**

　　①大漠:指广阔无边的沙漠。

　　②辕门:军营正门。

　　③洮(táo)河:在今甘肃省东南部。

　　④吐谷(yù)浑:古代中国西部少数民族名。此处借以泛指进犯之敌的首领。

◈**译文**

　　广阔无边的沙漠狂风大作,尘土飞扬日色昏暗。将士们迎着朔风半卷红旗猛烈出击。

　　前军在洮河北夜战未归,前军捷报已到,已经击溃敌军主力,生擒其首领。

写作技巧妙梳理

　　侧面描写,即以旁面写正面、以对面写正面、以反面写正面。在文学创作中,作者通过对周围人、事物的描绘来表现所要描写的对象,使得其鲜明突出,即间接地对描写对象进行刻画描绘。恰当地借助侧面描写,可以起到正面描写无法替代的艺术效果。

这是一首描写边关将士生活的七绝。此诗格调高昂激越，乐观向上。从描写看，诗人所选取的对象是未和敌军直接交手的后续部队，而对战果辉煌的"前军夜战"只从侧面带出。这是打破常规的构思。如果改成从正面对夜战进行铺叙，就不免会显得平板，并且在短小的绝句中无法完成。现在避开对战争过程的正面描写，从侧面进行烘托，就把绝句的短处变成了长处。

它让读者从"大漠风尘日色昏"和"夜战洮河北"去想象前锋的仗打得多么艰苦，多么出色。从"已报生擒吐谷浑"去体味这次出征多么富有戏剧性。一场激战，不是写得声嘶力竭，而是出以轻快跳脱之笔，通过侧面的烘托、点染，让读者去体味和遐想。

写作技巧小练笔——情景小剧场

亲爱的同学们，你们离开过家吗？独自一人外出，会不会怕迷路呢？那个家，那个最温暖的地方，你们一定不要走丢，找不到它了。来写一段关于家的文字吧，记得用上侧面描写这一手法哦，想一想，然后开始写下来吧！

写作参考示例

风筝飞去的地方

多么晴朗的一天呀，天比海水还要蓝，比兔妈妈身上系着的蓝围裙还要蓝。天空中的云朵多么白呀，比兔宝宝手里的棉花糖还要白，比兔妈妈织的白围巾还要白。

那在天空中的风筝飞得多高呀！兔宝宝跳起来看了看，觉得比一座山还要高，兔宝宝仔细看了看，心想："这一定比两座山叠在一起还要高！"

你没看错，兔宝宝正在草地上放风筝呢。兔宝宝左手拿着棉花糖，右手紧紧地攥紧了线轴，生怕一不小心，风筝就飞跑了。因为兔妈妈说过，只要线轴在手，风筝飞再高都不用怕。

"风筝飞，线儿牵……"兔宝宝开心地哼唱着兔妈妈教给她的歌谣。

风筝飞得可真高，一只大雁好奇地飞过来，问道："你也是鸟吗？"

"我虽然长得像鸟，但我可不是鸟，我是一只风筝。"风筝笑呵呵地说，"你仔细看看我，看到我尾巴上的线了吗？"

"看到了。"

"那就是牵着我的线，这样我就不会迷路了。"风筝说着，脸上洋溢出了幸福的微笑。

风筝飞得有些累了,一朵白白的云朵飘过来,风筝一下子飞到了云朵上。

"我有些累了,也有些困,可以在这里睡一觉吗?"风筝很有礼貌地问道。

"当然可以了,不过我可不确定会被风吹到哪里,你醒来后,没准会迷路的。"云朵善意地提醒风筝。

"没事的,你看到我尾巴上系着的线了吗? 有了它,我就不会迷路的。"说完,风筝就呼呼大睡起来,云朵那么软,谁躺上去都会立刻进入梦乡的。

不知道过了多久,风筝醒了过来,哎呀,已经是晚上了。天空中点缀着无数的小星星,风筝还看到了美丽的月亮姐姐。

"星空可真美呀!"风筝忍不住发出了感叹。

"要不要来一起喝杯茶?"月亮姐姐早已为风筝倒好了一杯茶。

"要要要,还真有点口渴了呢。"风筝接过茶,一饮而尽。然后,风筝和月亮姐姐就静静地听星星们之间的对话。星星们的对话可真有趣,风筝之前可从没有听到过。原来每颗星星都可以实现一个愿望,星星们正谈论着它们曾实现过什么愿望呢。

风筝隐隐约约听到一个星星说:"我曾经为一个老人实现过一个愿望,她希望可以有一双明亮的眼睛,因为她虽然老了,但却依然想看到这个美好的世界。"

风筝低头看了看,下面漆黑一片,夜安静了下来,风筝有点难过,轻轻地叹了一口气。

"你怎么了,是迷路了吗?"月亮姐姐关心地问道。

"没有没有,我不会迷路的,因为我尾巴上系着线呢。"

"可是天都黑了,你怎么还没有回家呢?"

风筝不知道该怎么回答,便没有回答。夜更加安静了。

过了没一会儿,风筝突然感觉到线绷紧了,然后就是一股拉力。风筝知道,这是自己要回家了。

"再见了,月亮姐姐,我要回家去了!"风筝离地面越来越近了。

原来,兔宝宝一直在等着风筝自己飞回来,等着等着就睡着了。直到兔妈妈赶来,唤醒了兔宝宝,收回了线,也收回了飞在空中的风筝。

兔妈妈怀里抱着兔宝宝,兔宝宝怀里抱着风筝,她们一起开开心心地回家去了。

写作参考示例点拨

这是一篇感人的小故事,没有正面描写家,但却从侧面描写中烘托出了家的温暖和爱。借用风筝的话,以及它身上的线,让读者自我体味:人就像风筝一样,不论飞到哪儿,不论飞多远多高,身上永远有一根线,不用怕迷路,它会指引你回家。

41.跟唐诗宋词学正面描写手法

模仿范本

闻王昌龄左迁龙标遥有此寄①

唐·李白

杨花落尽子规啼②，闻道龙标过五溪③。
我寄愁心与明月④，随君直到夜郎西。

◉注释

①闻：听说。左迁：降职。遥有此寄：远远地寄这首诗。

②子规：子规鸟，杜鹃鸟的别名。杨花是随风飘落之物，子规是泣血悲啼之鸟，以此渲染一派辛苦哀愁气氛，表露的是对友人被贬的飘零之感，离别之情。

③龙标：此指王昌龄。

④与：是动词"给"的意思。本句意为托月传情。

◉译文

杨花落尽、杜鹃啼鸣的时候，听说您被贬，龙标地方偏远要经过五溪。

我把我忧愁的心意寄托给明月，希望能随风一直陪你直到夜郎以西。

写作技巧妙梳理

　　正面描写，即直接描写，就是通过生动形象的语言，把人、事物直接具体地描绘出来，也就是指直接抒发感情，这是在文学创作中常用的一种表达手法。正面描写通常包括：外貌描写、神态描写、动作描写、语言描写、心理描写等。

　　李白的这一首诗，借风、月以寄情，表达了对友人的同情和关切。最后一句正面描写，直接抒发了忧愁的心绪，表达了对王昌龄的关切、同情和不舍等多种感情，气魄宏大，一往情深。

写作技巧小练笔——情景小剧场

　　同学们，长大后你们想从事什么职业呢？是当一名警察，还是人民教师？或者是从事文艺工作？请用一段文字写下未来你们想从事什么职业吧，可以采用正面描写，直接告诉我们哦。

写作参考示例

小诗人杜诗诗

杜诗诗真的喜欢诗，是喜欢到骨子里的。要用杜诗诗的话来说，要是生活中没有诗，便没有生活。乍一听，还挺有哲理的。

杜诗诗的妈妈就喜欢诗，但天生没有艺术细胞，写不出来诗，也欣赏不出诗中的情感和内容。你要是问妈妈为什么喜欢诗，她还真不一定能答得出来。

所以，杜诗诗的妈妈便把希望寄托在自己的下一代了，也就是杜诗诗本人。要不是需要姓"杜"，妈妈没准会叫她"诗诗诗"。

"妈妈，你应该去当喜剧演员！你太幽默了。"杜诗诗无奈地说。

"生活中要充满诗意，也要充满乐趣不是。"妈妈笑着说。

杜诗诗摇摇头，随手拿起了一本阿多尼斯的诗集，读了起来。要说杜诗诗的家里，最不缺的就是诗集了，几乎囊括了古今中外的所有诗集。你要不信，就打开书房的门看看，那一排排的都是书。

杜诗诗虽然喜欢读诗，也喜欢写诗，但杜诗诗的性格却很开朗活泼。只有在读诗和写诗的时候，杜诗诗才会安静下来。

杜诗诗开始写诗了，她觉得写诗是一件神圣且庄重的事情，准备好纸和笔后，杜诗诗还洗了洗手，漱了漱口。然后才坐在书桌前，拿起笔，却发现无从下笔。

"哎呀，写什么呢？怎么写呢？虽然读了很多首诗，但自己写起来，还是无从下笔呀。"杜诗诗轻叹了一口气。

"不行，我不能放弃，我一定要坚持！"杜诗诗心想，"在我杜诗诗的字典里，就没有放弃这两个字，但可以有失败这两个字。"

第一次写诗，杜诗诗以失败告终。

妈妈安慰杜诗诗："别难过，就算是大诗人，第一次写诗，也不一定顺利呀。我估计呀,也和你一样,什么都没写出来。但大诗人之所以是大诗人,肯定和坚持写诗是有关的。"

杜诗诗点点头,嘴角又挂起了微笑,仿佛重新找回了自信。

晚上的时候,月明星稀。杜诗诗透过窗户,抬头看着星空,也看着那一轮明月。灵感就这么产生了!

杜诗诗立刻拿出纸和笔来,急忙把诗句写了出来,好像再晚一点,这些诗句就会自己跑掉一样。这首诗的题目叫《月亮船》。

第二日清晨,妈妈读了这首小诗,妈妈的眼泪躲藏在眼眶中,快要溢出来了。在妈妈的心里,杜诗诗已经是一个小诗人了! 妈妈虽然说不出哪里写得好,但妈妈实打实地感受到了诗中的爱和童趣。

万事开头难,但只要开头了,就会顺畅许多。杜诗诗似乎找到了写诗的感觉,写的诗越来越多,也越来越好。甚至有几首小诗还在当地的日报和晚报上发表了呢!

诗歌是什么呢? 杜诗诗说,诗歌就是一种表达,关于情感,关于生活,关于爱。只不过,不能直接地告诉你,而是要委婉一些、含蓄一些地说给你听。

如果把一首诗比喻成天上的一颗小星星,那么杜诗诗就有漫天的星空。杜诗诗的诗里,充满了温暖和爱,还有数不尽的快乐。当然,那星空中的月亮呀,永远都是妈妈的模样。

写作参考示例点拨

这篇小故事开篇第一段,便是正面描写,同时,全文多处运用正面描写,直接写出了主人公喜欢写诗、长大了想当诗人的梦想。

42.跟唐诗宋词学借代手法

模仿范本

望天门山^①

唐·李白

天门中断楚江开,碧水东流至此回。

两岸青山相对出^②,孤帆一片日边来。

注释

①天门山:位于今安徽当涂县的长江两岸,江西的称西梁山,江东的称东梁山(又名博望山)。两山夹江对峙,就像是天设的门户,故称天门。诗题中的"望"是远望之意,点明诗人离天门山较远,是从远处所望到的天门山的景象。

②相对出:由于诗人观景的立足点是移动的,因而天门两山脉的山峰不断涌现出来,进入诗人的眼帘。

译文

长江就像巨大的斧头,劈开天门雄峰,碧绿的江水向东流去,又回旋向北而流。

两岸青山相互对峙,美景难分高下,一条小船从太阳升起的地方缓缓驶来。

写作技巧妙梳理

借代,指用与其有关系的另一种事物来代替原事物。被替代的叫"本体",替代的叫"借体",即"本体"并不出现,而用"借体"来代替。借代的方式有许多种,例如:部分代替整体——用事物具有代表性的部分来代替原事物、特征代整体——用事物的特征来代替原事物、具体代抽象、工具代本体、专名代泛称、以结果代原因、形象代本体等。恰当地运用借代,可以引人联想,精炼文笔,起到以简单代替烦冗的艺术效果。

在《望天门山》一诗中,李白即运用了借代的手法,而且是用部分来代替整体,用船的一部分"帆"来代替船。

写作技巧小练笔——情景小剧场

同学们，你们能分辨出猫和老虎的区别吗？在你们看来，老虎都是凶残的，猫都是乖乖的吗？思考一下，然后用一段文字写出你们的答案吧，还是要用上刚刚所学的借代手法哦。

写作参考示例

虎头虎脑的猫

"要是有一天，你看到了老虎，哪怕只是远远地看到，也要快点跑掉。"兔子妈妈严肃地说，"因为老虎非常凶猛，最喜欢吃我们这些小动物了。"

兔宝宝啃着胡萝卜，问道："老虎都那么凶猛吗？有没有不喜欢吃我们的老虎呢？"

"老虎要吃肉，可不像我们食草动物，我可没见过不吃肉的老虎。"兔子妈妈还不忘强调一下，"在老虎的眼里，我们就是美味的肉！"

兔宝宝点点头，便跑出去玩了。

在路上，兔宝宝遇到了一只"老虎"！兔宝宝吓坏了，一时间竟然忘了跑。

"你，你别过来，不要吃我。"兔宝宝说出的话都带着颤音了。兔宝宝心想，完了，我成为一块肉了。

"喵，别害怕，你好好看看，我是温顺的猫，不是凶猛的老虎。"猫咪笑着说。

兔宝宝瞪大了眼睛，仔细瞧瞧，还是觉得它像老虎。那是因为呀，猫咪长得虎头虎脑的，怪不得兔宝宝会认错呢。

"这么跟你说吧，老虎的体型都很大，猫咪长得都很小，所以你要是遇到我这么个小不点，那就一定是猫了。"猫咪说完，便纵身一跃，跳进花丛里去了。原来，花丛中有一只老鼠，那没准就是猫咪的午餐了。

兔宝宝心想："原来老虎都长得很大很大，难道比一座山还要大吗？老虎有多凶猛呢，会比生气的妈妈还要凶猛吗？"

兔宝宝一边想着，一边往前走。没过多久，兔宝宝又遇到了一只"猫"，同样长得虎头虎脑的。这回，兔宝宝可没有害怕，反而走上前去，热情地打了声招呼。

"你好呀。"

"你好。"这只虎头虎脑的"猫"看着眼前的兔宝宝，说道。

"你不怕我吗？我可是老虎。"

兔宝宝笑着说："不可能，你就是一只温顺的猫咪。虽然你长得虎头虎脑的，像极了老虎，但你长得太小了。"

"我是一只小老虎呀，我还没有长大呢！"小老虎心想，但并没有说出口。

兔宝宝和小老虎谈天说地，不一会儿就成了好朋友。它们一起去了池塘赏荷花，又一起来到百灵鸟的树下，静静地听百灵鸟唱歌。它们也很淘气，趁着山羊爷爷正睡觉的时候，偷偷拔掉了山羊爷爷的几根胡须。

天渐渐暗了起来，兔宝宝和小老虎都要各回各家了。它们约定好了，明天还要一起玩。

小老虎很开心，因为这是它第一次有朋友。其他的小动物只要看到它，都会快速地跑掉，谁也不想和小老虎一起玩。只有兔宝宝没有害怕，那是因为兔宝宝觉得它是一只猫。要是兔宝宝知道它是一只老虎的话，会不会也害怕跑掉呢？小老虎想到这里，心情又不好了起来。

第二天，小老虎还是把这个秘密告诉给了自己的朋友——兔宝宝。兔宝宝听到后，没有害怕，也没有立即跑掉。

"我知道呀，你不会喵喵喵地叫，也不喜欢抓老鼠，最主要的是你头顶上写了'王'字呀。可是就算你是老虎又怎么样呢？你是不会伤害你的朋友的，对不对？"

小老虎一个劲儿地点头，兔宝宝接着说："所以，在我的眼里，你就是一只虎头虎脑的猫呀。"

夕阳西下，兔宝宝和小老虎背靠着背，看着天空被夕阳染红。柔柔的风吹来，它们却只看到了空中飞舞的蒲公英。

写作参考示例点拨

这篇故事读来很有趣，作者多次运用借代的手法，将"肉"替代成"兔宝宝"，将"午餐"替代成"老鼠"，也将头顶上写着"王"字的替代成老虎。这是一篇很有爱、很温情的故事。

43.跟唐诗宋词学叠字手法

模仿范本

声声慢

宋·李清照

寻寻觅觅，冷冷清清，凄凄惨惨戚戚①。乍暖还寒时候②，最难将息③。三杯两盏淡酒④，怎敌他、晓来风急⑤！雁过也，正伤心，却是旧时相识。

满地黄花堆积，憔悴损，如今有谁堪摘⑥？守着窗儿，独自怎生得黑⑦！梧桐更兼细雨，到黄昏、点点滴滴。这次第⑧，怎一个愁字了得⑨！

注释

①戚戚：忧愁。

②乍暖还寒时候：本形容一年之始的早春天气，这里形容一天之始。乍：刚刚。还，又。

③将息：保养休息。

④三杯两盏淡酒：这里指早上饮酒。古人有早晨饮酒的习俗。

⑤晓：一作"晚"。此词上片既言"晚来"，下片言"到黄昏"则为重复。词实写一整天，而非一晚，若作"晓来"，自朝至暮，整日凝愁，文从字顺，豁然贯通。

⑥有谁堪摘：指自己无心去摘。

⑦怎生得黑：怎么样天才能黑下来？意思说天老是不黑，反映作者独坐无奈，中怀苦闷之状。

⑧次第：一连串的光景、情形。

⑨了得：说得尽。

译文

寻寻觅觅，却只见冷冷清清，怎不让人凄惨忧愁。秋天总是忽然变暖，又变寒冷，最难保养休息。喝两三杯淡酒，怎么能抵得住早晨的寒风紧吹？一行大雁从头顶上飞过，更让人伤心，因为都是当年为我传递书信的旧相识。

园中菊花堆积满地,都已经憔悴不堪,如今还有谁来采摘?独自守在窗前,怎么样天才能黑下来?梧桐叶上细雨拍打,到黄昏时分,雨声还是点点滴滴。这一连串的光景,怎么能用一个"愁"字说得尽!

写作技巧妙梳理

叠字,又叫"迭字",指由两个相同的字或词组成的词句,在节奏上可产生明显的音律效果。

李清照的这首词以十四叠字开篇,表现孤独而恍惚的凄凉心情,又接以晓风送寒、小饮遣愁、闻雁伤心、懒摘黄花、雨滴梧桐等富有感染力的意境,将这种心情层层加以渲染。词作善于通过自然景物的描写抒发内心情感,在客观环境和内在情绪的融合交织中塑造人物形象;也善于将日常口语写进音律,使词作深妙稳雅中平添旁见侧出之妙。词人运用叠字的手法,使音韵、节律与内容、情感密切配合。这种连用叠字写恍惚抑郁的创作风格对后人影响很大,元代最伟大的两位杂剧家关汉卿和王实甫都在作品中有所借鉴。

写作技巧小练笔——情景小剧场

当冬天的第一场雪悄无声息地来了,秋天已经默默退去。同学们,四季的更迭会不会触发你们的思考呢?会不会让你们有写一段文字的冲动?这一次我们来诉说,诉说关于你们自己的故事吧!依旧要运用到刚刚所学的叠字这一手法哦。

写作参考示例

朋友,你需要自己长大

天气突然转凉了,没来得及加衣,所以得了一场感冒。没有吃药,也没有打吊瓶,流了很多鼻涕,纸篓里装满了鼻涕纸。躲在被窝里,昏昏沉沉,还好,躺在身边的猫咪睡得香甜,呼呼噜噜,它小小的鼾声让我心安。

第一次离开家,不是在上大学的时候。填报大学志愿时,妈妈建议我不要走得太远，我也不想舟车劳顿，所以就填报了同省的几家大学。我被本省的省会城市的一家大学录取了，离家不远却在另一座城市。

爸妈还是放心不下，便把房子卖掉，来到我上大学的城市，买了房，安定地生活下来。我每周末都会回家，这算不上离开家的。从小到大，我没离开过妈妈，妈妈也不曾离开过我。我们适应了这样的生活，不过渐渐地我发现了一些问题。

妈妈不曾溺爱我，我却非常胆小、怕黑、惶惶恐恐。我在长大，但长大的过程中，无处不是妈妈的身影。她帮我解决了一切，我却不知道闯荡。慢慢地，我成了一朵温室里生长的花，经不起风吹雨打。而且，在每天的相处中，我们也偶尔会发生矛盾，会惹得对方很生气。

或许是每个人的价值观不同，我之所以不选择出去闯荡，是因为我觉得人生几十载，应该多把时间用来陪伴家人。可是我却忘了一句话，叫作距离产生美。后来的我，发觉与爸妈的相处也需要适当的距离。

马上大学毕业了，我开始半年的实习生活。可以每天回家住，但我选择在实习单位的附近租了一间房。这应该算是我第一次离开家，第一次自己一个人学着长大。

我学着做饭，学着照顾宠物，学着生病的时候自己照顾自己。我没有感到疲惫，反而很快乐。我不在妈妈身边，妈妈很不适应，她经常会发微信，或者干脆到我租的地方来，洗洗涮涮。成长是需要一个过程的，脱离爸妈的"圈养"也需要一个过程，我欣然接受。

几天后，靠着自己身体里的免疫细胞，我的感冒好转了起来。身体一天天好转，心情也越来越美好。生病期间我看了一些书，书里讲了很多大道理，也讲了很多故事，或者是因为生病的原因，头昏脑涨，现在竟然什么都记不清了。

那些大道理说得很对，那些故事都很感动，值得思考。可是道理是别人总结出来的，故事是发生在别人身上的。我们记不得，也是情有可原，因为那不是我们亲身经历，便没有那么深刻，那么刻骨铭心。

所以，成长是怎么一回事呢？在我看来，就是离开爸妈的那一刻，你便开始自己慢慢长大。一个人在这个世界中存活,必然要成长,这是自发的,也是这个世界给你的礼物。

朋友,你需要自己长大。你需要有自己的故事,然后总结出属于自己的道理来。这个故事可能没有感动,但却很真实。这个道理可能没有准确,但却指引了你。朋友,人生几十载,最后只会是自己一个人,踽踽独行。当然,长大的一部分是爱爸妈,爱家人。

天越来越冷了,马上就要入冬。希望当雪花缓缓落下的时候,你抬着头,看着漫天飞雪。什么都不必说,因为长大是一件悄悄发生的事情。最后,只留下一行脚印,我却能因此辨明你的方向。

写作参考示例点拨

通读本文,我们发现作者在诉说一件关于成长、距离的事情,而文中多处运用到叠字这一手法,增强了语句的节奏感,读起来颇为顺畅自如。

44.跟唐诗宋词学欲抑先扬手法

模仿范本

唐·王昌龄

闺中少妇不曾愁，春日凝妆上翠楼②。

忽见陌头杨柳色③，悔教夫婿觅封侯④。

❖注释

①闺怨：闺中的情怨。闺：此处指古代女子的居室。

②凝妆：成妆，指精心打扮。凝：有认真、专注之意。

③陌头：大路边。杨柳色：两层含义：其一，春天杨柳发青，正是欢乐游戏的季节，看到杨柳色，就会意识到自己生活的孤寂；其二，古代风俗，折柳赠别，看到柳色，会勾起送别夫婿时的回忆。

④夫婿：即丈夫。觅封侯：在此指从军。唐人多欲在边疆立下军功，以取得封侯的奖赏。

❖译文

闺房中的少妇不曾有过相思离别之愁，在春日之时，精心打扮登上高楼。忽然看到大路边的杨柳春色，后悔当初不该让丈夫从军出征，建功封侯。

写作技巧妙梳理

欲抑先扬，即先褒扬后贬低。也就是说，要批评、贬斥，一开始并不直接指责，而是借用假托的方式，先说其好处，再由好处转而说其坏处。运用欲抑先扬的手法，能够很好地表达出作者充盈的情感，使情节曲折多变，造成鲜明的对比，容易让读者更好地接受。

这首《闺怨》便是一首典型的欲抑先扬的诗，全诗构思相当新巧，本写"怨"，却欲抑先扬，从"不曾愁"写起，突出了少妇天真无忧不知愁。而后两句的感情却抑制了下来，看到路边柳色，勾起了心头的眷恋和苦闷愁思。该诗的好处正在于它生动地显示了少妇心理的迅速变化，却不说出变化的具体原因与具体过程，留下充分的想象余地让读者去仔细寻味。

同学们,你们相信这世间有护身符一类的东西吗? 只要身上佩戴它,就会一直平安,永远有好运气。这是不是一种迷信呢? 或者说,只是心理作用呢? 还是说,护身符真的存在? 请用一段文字写出你们的看法吧,依旧要运用到刚刚所学的欲抑先扬的手法哦。

写作参考示例

寻找芝麻

鼠小弟有一粒芝麻,鼠小弟可不舍得吃掉它,就算肚子饿得咕咕叫的时候,鼠小弟也从没动过要吃掉这粒芝麻的心思。芝麻太小了,鼠小弟紧紧地握在手里,还是觉得不放心,万一不小心掉出去了,那就糟了! 毕竟鼠小弟认为这是一粒能给自己带来好运的芝麻。

松鼠姐姐建议说:"鼠小弟,要不我帮你把芝麻系在项链上,这样你戴在脖子上就不用怕丢了。"

松鼠姐姐的手真巧,不一会儿就做好了,项链是由路旁的狗尾巴草制成的。松鼠姐姐将这根"芝麻项链"戴在了鼠小弟的脖子上。

"真是太好看了!"鼠小弟开心地蹦了起来。

从那以后,鼠小弟走到哪儿,都会戴着这根"芝麻项链"。当遇到猫的时候,鼠小弟比平时跑得更快了。鼠小弟会跟别的小动物说:"这都是芝麻的功劳,是它带给了我好运,我才能跑得更快,猫都追不上我!"

鼠小弟每天都很快乐,直到发现项链上的芝麻不见了!

"我的芝麻哪去了?"鼠小弟把狗尾巴草制成的项链摘下来,焦急地说,"没有那粒芝麻,我会倒霉的,说不定很快我就会被猫捉到。"

"不行,我一定要快点找到我的芝麻。"鼠小弟心想。

"小猴子,你看到过一粒芝麻吗?"

小猴子从树上跳下来,吃了一口香蕉:"鼠小弟啊,芝麻那么小,我可看不到。"

鼠小弟在寻找芝麻的过程中,又遇到了猪大婶,猪大婶的手里正捧着一盒蛋糕。

"猪大婶,你看到过一粒芝麻吗?"

猪大婶打开装着蛋糕的盒子:"这蛋糕上倒是撒了许多芝麻,你看看哪颗是你想要的。"

鼠小弟仔细地看了看,摇摇头:"这些芝麻都是白色的,我的那粒芝麻是黑色的。"

鼠小弟继续寻找，突然鼠小弟听到了"喵喵"的叫声。

"哎呀，是猫！"鼠小弟开始往洞口跑去，猫在后面追赶着。鼠小弟一边跑一边想："这次我没有芝麻带给我的好运，我一定会被猫捉到的。"鼠小弟的脚步就慢了下来，猫也离自己越来越近。

猫找准时机，纵身一扑，鼠小弟刚好跑进洞里，猫扑了个空。猫生气地叫了几声，便走开了。

"真是虚惊一场，差一点就被猫捉到了，这真是芝麻给带来的好运。"鼠小弟下意识地摸了摸脖子上的项链，这才意识到芝麻已经丢了。

"难道不是芝麻带给我的好运？"鼠小弟自言自语。

鼠小弟一连找了许多天，也没有找到那粒芝麻。可是鼠小弟却重新快乐了起来，跑得比有芝麻的时候更快！

"我就说芝麻是不能带给你好运的吧，没有那粒芝麻你每天也会好运连连啊！"松鼠姐姐笑呵呵地说。

"松鼠姐姐说得对，没有芝麻我也会好运连连的。"

其实，那粒芝麻不小心从项链上掉了下来，掉到了地上，被蚂蚁几大口就给吃了。看来，这粒芝麻真的不能带来好运，要不然自己怎么会被吃掉呢？

写作参考示例点拨

这是一篇很有童趣的小故事，作者采用欲抑先扬的手法，先写出了护身符芝麻的"功劳"，但下文却对此进行了批评，表明这世间是没有护身符的。

45. 跟唐诗宋词学画龙点睛手法

唐·贾岛

闲居少邻并②，草径入荒园③。

鸟宿池边树，僧敲月下门。

过桥分野色④，移石动云根。

暂去还来此⑤，幽期不负言⑥。

◎注释

①李凝：贾岛的朋友，一位隐士。幽：幽静。

②并：一起。

③径：小路。草径：长满小草的路，路能长草说明少有人来。荒园：荒芜的小园。

④过：走过。野色：色彩斑斓的野外美景。

⑤暂：暂时。

⑥幽期：约期。负：背弃，辜负。

◎译文

　　近旁无人家居住，杂草丛生的小路通向荒芜的小园。鸟住在池边的树上，月光下僧人正敲着山门。走过桥去看色彩斑斓的野外美景，远处天边云脚飘飘移，好像石头也在动一样。我暂时离开这，但是还会回来，按照约定的日期与朋友一起隐居。

写作技巧妙梳理

　　画龙点睛，原形容梁代画家张僧繇作画的神妙。后多用来比喻写文章或说话时，在关键的地方用几句话点明实质，使得内容生动有力。换言之，比喻在关键地方简明扼要地点明主旨，使得内容生动传神，也比喻在整体中突出重点。

　　这首诗同是写访友未遇，笔法却大有不同。对朋友幽居的描绘，诗人动了一番心思,如此才有了"鸟宿池边树,僧敲月下门"这一名联,也方有"推敲"这一典故。那这两句也就是全诗的画龙点睛之处,僧敲山门,惊动宿鸟,更突出夜深人静,不是隐士幽居,何来这份宁静呢?诗人抓住生活中寻常之景,勾画出不平常的隐境,于质朴之中见推敲之功,也不枉"苦吟"一生了。

写作技巧小练笔——情景小剧场

同学们,你们有梦想吗?你们为梦想付出了多少努力呢?贾岛苦吟一生,才对得起"苦吟诗人"的称号。实现梦想的道路注定不会太平坦,而磕磕绊绊才会让我们真正地长大。请写一段关于梦想的文字吧,要用到画龙点睛这一手法。

写作参考示例

追梦的失明女孩

火车缓缓前行,留下一长线的白烟,承载着女孩的梦,飘向远方。

女孩今年 18 岁,但却是先天性失明。医生说她得了一种病,叫视神经萎缩,这是一种罕见的病。当时的医学并不发达,所以女孩就这样生活了 18 年。

在她很小的时候,她还不知道她和普通的孩子不一样。她以为,所有的人看到的都是黑暗。直到邻家的小孩喊着,快看天上的小鸟,真漂亮。可是女孩抬起头,却什么也看不到。女孩哭了,从那以后,女孩知道自己是一个盲人。她不可以像正常孩子一样上学,在她 10 多岁的时候,父亲就让她学习推拿按摩。父亲说,这是她唯一的出路。女孩闲暇之余,会去听听广播,她感受到,原来语言竟充满了力量。她热爱上了广播,有时她也会幻想,自己在直播间播音。

女孩不想就这样了此一生,她想活出自己的人生。女孩的嗓子很好,声音很有磁性,没有一点杂质,简直就是天籁之音。并且女孩知道,语言是有力量的,是可以传递美的。于是女孩每天都练习讲话,她梦想着能够成为一名播音员,用她的声音讲出她的故事。有一天,母亲在网上看到,有一个公益组织可以帮助失明人士,来培养他们的语言表达能力。妈妈告诉了女孩,女孩想了很久,最后决定去追梦。

女孩独自一人踏上了从家乡到北京的火车,她不知道,未来还会有怎样的磨难在等着她。对于未来,一切都是未知的。但女孩不怕,因为有梦的人不会太脆弱。

在那个公益组织里,她接受了两年的培训。在刻苦努力下,她进步很大。在她20岁那年,她作为唯一的盲人参加了一个朗诵比赛。由于她那天籁的声音、熟练的程度,她获得了二等奖,后来成了一名电台播音员。

有一次,听女孩主持的播音节目,女孩说的一些话,我记忆犹新。

"命运虽然给了我一双看不见明天的眼睛,但是它并没有给我一个看不见明天的未来。我可以接受命运特殊的安排,但决不能接受,自己还没有追逐就过早地被宣判。不要把自己的梦想逼上绝路,要相信你的潜能比你想象得更强大。"

她就是丽娜,那个追梦的失明女孩。

写作参考示例点拨

文章的结尾处的那段话十分精彩,点明了中心思想,突出重点,起到了画龙点睛的作用。

46.跟唐诗宋词学叙议结合手法

模仿范本

蜀相①

唐·杜甫

丞相祠堂何处寻？锦官城外柏森森②。

映阶碧草自春色③，隔叶黄鹂空好音。

三顾频烦天下计④，两朝开济老臣心⑤。

出师未捷身先死，长使英雄泪满襟。

◎注释

①蜀相：三国时蜀国丞相，指诸葛亮。

②锦官城：现四川省成都市。

③自：空。颔联写祠堂内的景物。杜甫极推重诸葛亮，他此来并非为了赏玩美景。"自""空"二字含情，是说碧草映阶，不过自为春色；黄鹂隔叶，也不过空作好音，我并无心赏玩、倾听。因为自己景仰的人物已经不可得见。

④三顾：指刘备三顾茅庐。

⑤两朝：刘备、刘禅父子两朝。开济：指帮助刘备开国和辅佐刘禅继位。此两句从大处着眼，写诸葛亮的才德，已括尽一生。

◎译文

去哪里寻找武侯诸葛亮的祠堂呢？在锦官城外那柏树生长茂密的地方。碧草照映台阶空显露春色，树上的黄鹂隔叶空作好音。定夺天下大计刘备三顾茅庐来拜访，辅佐两朝开国和继业。可惜出师伐魏未捷而病死营中，常常使历代英雄们对此泪湿满裳！

写作技巧妙梳理

叙议结合，也可称为"夹叙夹议"，即一面叙述，一面议论。在叙述的过程中插入议论，以表明对所写人物或事件的态度、评价的一种表达手法。可分为先议后叙、先叙后议和边叙边议三种形式。一边来说，议论的文字不宜过长，应当用词精巧、简练。运用叙议结合的手法，可以使得文章脉络清晰，使句子和文章显得更真实亲切，有说服力，更能抒发出作者的情感和态度，以及评价。

《蜀相》是一首咏史诗。作者借游览武侯祠，称颂丞相辅佐两朝，惋惜他出师未捷身先死。既有尊蜀的正统观念，又有才困时艰的感慨。诗的前半首写祠堂的景色。首联自问自答，写祠堂的地点所在。颔联写祠堂的荒凉，字里行间寄寓感物思人的情怀。后半首写丞相的为人。颈联写他雄才大略、忠心为国。尾联叹惜他壮志未酬身先死的结局，引出千载英雄的共鸣。作者运用了叙议结合、情景交融、以实写虚等手法，在历代颂赞诸葛亮的诗篇中，独领风骚。

写作技巧小练笔——情景小剧场

同学们，你们是否听说过很多关于身残志坚的励志故事呢？那些身患残疾的人，他们想获得成功，往往要付出比正常人多得多的努力。但他们没有自暴自弃，依旧在拼搏和奋斗，请为此写一段文字吧，记得要用到我们刚刚所学的叙议结合的手法哦。

写作参考示例

生命中的无端欢喜

有这样一位诗人，她有很多标签，有人说她是农村妇女、脑瘫患者，更有人把她比喻成中国版的艾米莉·狄金森。她是余秀华，一个火出了圈外的女诗人。

余秀华的一生很传奇，像一本充满了苦难的书，读来会有无端的悲悯和感动。余秀华生长在一个叫作横店村的地方，如果她没有写作，她会同很多农村的妇女一样，春种秋收，度过平平淡淡的一生。她是脑瘫患者，出生时由于倒产，导致大脑缺氧。她走起路来摇摇晃晃,说话也很吃力,不是十分清晰。后来,余秀华说,诗歌成了她在摇摇晃晃的人间里的一根拐杖。很多时候,她不说话,只是用颤抖的手在键盘上敲打出一行行诗意的文字。

她是一个不幸的人,她的丈夫并不爱她,又时常羞辱她。她的母亲也不理解她,只是让她安于天命,忍受再忍受。她有悲伤无处诉说,有泪水而无人为她擦拭。但她骨子里的倔强使得她没有自暴自弃,她仍旧张开怀抱,拥抱这个对她并不友善的世界。她性格内向,又因为身体的原因,更加自卑。大多时间里,她都是一个人在读书。通过大量的阅读,余秀华掌握了许多知识,这为她日后成为作家打下了坚实的基础。由于种种原因,余秀华高中辍学,辍学后的余秀华躲在家里,开始写诗。

喜爱余秀华的文字,是因为我觉得我们有相似之处,尽管我的身体完好无缺。我内向且自卑,常常感到疲倦。后来读了余秀华的散文集《无端欢喜》,里面有一句话:"我喜欢人世里千帆过尽的疲倦,胜过相遇之前的欣喜和期待。"便觉得与余秀华有了更多的相似之处。一方面,余秀华通过写作在救赎自己;另一方面,我通过阅读余秀华的书,也救赎了自我。些许鼓舞,就算生活再艰辛,也要用自己的方式,闯出一条满是幸福的道路。

与余秀华相识,是在微信的一个写作群里。私下加了微信,聊了聊,无关诗歌和写作。或许余秀华对一段不幸的婚姻,对自己的苦命,已经释然了。余秀华说,她发现生活没有教会她顺从,但她学会了顺其自然。

余秀华的成名是一件励志的故事,她的故事给更多身患残疾的人许多鼓舞。只要不放弃,只要再努力,自己终能成为自己的灯塔。

要让自己无端欢喜起来,在一个个朴素的日子里,要经常感受到生活所带来的喜悦。

写作参考示例点拨

作者一边在叙述,一边在议论。叙述的是余秀华悲苦的一生,议论的是余秀华对生活的态度,以及诗歌带给我们的力量。

47.跟唐诗宋词学白描手法

模仿范本

商山早行

唐·温庭筠

晨起动征铎①，客行悲故乡。

鸡声茅店月②，人迹板桥霜③。

槲叶落山路④，枳花明驿墙⑤。

因思杜陵梦，凫雁满回塘⑥。

◈**作者简介**

　　温庭筠(约801—866)，原名岐，字飞卿。唐代诗人、词人。温庭筠精通音律，诗词创作俱佳。其诗辞藻华丽，其词更是精益求精，注重文采，其成就在晚唐众诗人之上，被尊为"花间派"之鼻祖，对词的发展影响颇深。

◈**注释**

　　①征铎：车行时悬挂在马颈上的铃铛。铎：铃铛。

　　②茅店：乡村小客舍，同"茅舍"。

　　③板桥：木板架设的桥。

　　④槲(hú)：一种落叶灌木或小乔木。

　　⑤枳(zhǐ)：一种常绿灌木，开白花，枝多刺。驿墙：驿站的墙壁。

　　⑥凫雁：凫，野鸭。雁，一种候鸟。回塘：岸边曲折的池塘。

◈**译文**

　　早上起床，车马的铃铛已经震响。一路远行而去，游子悲思故乡。

　　鸡声嘹亮，乡村小客舍沐浴着晓月的余晖。足迹稀少，木板桥覆盖着早春的白霜。

　　枯败的槲叶，落满了荒山的野路。淡白的枳花，鲜艳地开放在驿站的泥墙上。

　　因此想起昨夜梦见杜陵的美好情景。一群群野鸭和候鸟，正嬉戏在岸边弯曲的池塘里。

写作技巧妙梳理

白描，是指用简单朴素的文字，不加渲染，描画出栩栩如生的形象。通过几句特征描写和对话叙述，便可以将人物的内在性格凸显出来，容易吸引读者。运用白描，要抓住重点细节进行描写，如白描运用不恰当的话，则会显得文章没有文采，塑造的形象不鲜明生动。

《商山早行》是一首描写旅途情思和思乡情怀的诗歌。整首诗中并没有出现一个"早"字，但作者通过运用白描的写作手法，通过霜、茅店、鸡声、人迹、板桥和月这六处意象，细致地描写出了寒秋早行的生动画面，还形象地传达了作者内心的凄凉和孤独。极富表现力，给人留下了深刻的印象。全诗以多种自然形象组成了一幅有声有色、动静和谐的优美而凄凉的乡野图景，结构巧妙，语言精致，生动地表达了诗人的漂泊之感和思乡之情。

写作技巧小练笔——情景小剧场

同学们，你们会做错事吗？当你们做错一件事的时候，会不会再给自己一次机会，去弥补和改正呢？人无完人，我们都会有失误的时候，不要沮丧，不要放弃，再给自己一次机会。请为此而写一段文字吧，记得用上白描手法哦！

写作参考示例

再一次先生

再一次先生从出生开始，做任何事都不可能一次成功，所以大家都叫他再一次先生。这让再一次先生很伤心，觉得自己是个无能的人。

这天，妈妈对再一次先生说："孩子，把屋里的几盆花搬出来晒晒太阳！"

再一次先生觉得搬花盆是件极其轻巧的事，想都没想就冲进房间搬起一盆，可是花盆有些大，再一次先生很瘦小，花盆刚搬出屋子，再一次先生就没了力气，花盆重重地摔在地上，摔碎了。

再一次先生觉得自己果真很无能，伤心地大哭起来。妈妈安慰再一次先生说："不要紧的，我会再给你一次机会，这一次一定要加油！"

这一次，再一次先生用尽所有力气小心翼翼地抱着花盆，花盆被稳稳当当地放在了院子里。再一次先生开心极了："我可以的!"

一天，村子里来了一个魔术师，大家都在村口看着魔术师表演魔术。再一次先生被魔术深深地吸引了，他欣喜地对妈妈说："我想成为一名魔术师。"

在接下来的日子里，妈妈把再一次先生送到了专门学习魔术表演的地方。妈妈对再一次先生说："你一定要好好学习魔术，如果第一次做错了，不要怕，再给自己一次机会，然后尽力去做好。"

在魔术表演班里，再一次先生是最刻苦的学员。到了晚上，当其他学员都休息的时候，再一次先生仍在学习。

几个月后，再一次先生的魔术表演有了很大进步。校长特地让他给其他学员做一次示范表演。但表演的第一个节目就出现了问题，有些学员面露哂笑："也不过如此嘛!"

校长看着再一次先生，说："我再给你一次机会。"

再一次先生深吸一口气，这一次的魔术表演近乎完美。表演完毕，学员们都不由自主地给再一次先生鼓掌。

十年后，再一次先生成了一名合格的魔术师，他经常到全国各地举行魔术表演，甚至还上过几次电视。可是每次表演的第一个节目，再一次先生都会出现各种各样的失误。

全国的人都认识了这位"再一次先生"，因为他总会满怀歉意地说："请再给我一次机会。"

不过再一次先生并没有因为自己一次次的失误而伤心、颓废，因为他一直记得妈妈的话："犯了错误不要紧，一定要再给自己一次机会。"

写作参考示例点拨

该文运用了白描手法，用简单的文字描绘出了再一次先生的形象。通过搬花盆这一小事，突出了文章的主旨。

48.跟唐诗宋词学讽刺手法

赠花卿①

唐·杜甫

锦城丝管日纷纷②,半入江风半入云③。

此曲只应天上有④,人间能得几回闻。

注释

①花卿:名敬定,是成都尹崔光远的部将,曾因平叛立过功。但他居功自傲,骄恣不法,放任士卒大掠东蜀;又目无朝廷,僭用天子音乐。杜甫赠诗予以委婉的讽刺。

②丝管:指弦乐器和管乐器,泛指音乐。纷纷:本意是既多而乱的样子,通常是用来形容那些看得见、摸得着的具体事物的,这里却用来比作看不见、摸不着的抽象的乐曲。

③半入江风半入云:那悠扬动听的乐曲,从花卿家的宴席上飞出,随风荡漾在锦江上,冉冉飘入蓝天白云间。

④天上有:指神仙才能享有。此处也指宫廷内苑所有。这句诗极力写乐曲的动人优雅,流露出诗人的无限感慨。

译文

锦官城里的音乐轻柔悠扬,一半随着江风飘走,一半飘入了云端。

这样的乐曲只有神仙才能享有,人间哪能听到几回呢。

写作技巧妙梳理

讽刺,即是用夸张、反语等手法对人或事的揭露、嘲笑或批判,常用来暴露对象的矛盾或缺点,从而达到一种较高的表达效果。

全诗四句,前两句对乐曲做具体形象的描绘,是实写;后两句以天上的仙乐相夸,是遐想。因实而虚,虚实相生,将乐曲的美妙赞誉到了极致。然而这仅仅是字面上的意思,其弦外之音是意味深长的。"天上"者,天子所居皇宫也;"人间"者,皇宫之外也。这是封建社会极常用的双关语。说乐曲属于"天上",且加"只应"一词限定,既然是"只应天上有",那么,"人间"当然就不应"得闻"。不应"得闻"而竟然"得闻",不仅"几回闻",而且"日纷纷",于是乎,作者的讽刺之旨就在这种矛盾的对立中,既含蓄婉转又确切有力地显现出来了。

写作技巧小练笔——情景小剧场

亲爱的同学们,当我们学过讽刺这一手法之后,你们是否想到了生活中的一些事情,可以运用到讽刺这一手法?请写一段文字,将你们所要描写的对象,通过讽刺这一手法,将其矛盾或缺点暴露出来。

写作参考示例

反话王国

老虎大王近来很是郁闷,他坐在自己的王座上,一副心事重重的样子。

"大王这是怎么了?"豹子大臣毕恭毕敬地问道。

"我昨天在森林里四处转了转,偶然间听到了一只野兔和一只山猫的对话。野兔说,咱们国家的国王真是腐朽无能,只是一味地让我们去赞美他,但他什么好事都没做过。山猫压低了声音说,你真是不要命了,如果被大王或者大王身边的人听到了,你就必死无疑了。山猫把声音压得更低了,能怎么办?大王怎么说我们怎么做就对了,大王让赞美,咱们就赞美,保住命要紧。"说完,大王摇了摇头,继续无精打采了起来。

"一个小小野兔,真是太过分了!怎么能这么说我们英明神武的大王呢!不如让我把它吃掉算了。"

"不不不,你吃了它,还会有别的动物在私底下议论我的。"大王把一块肉放进了嘴里,一边嚼着一边说道。

豹子大臣一时想不出好办法,便退回到了自己的位置上。猴子大臣蹦蹦跳跳地来到了大王的面前。

猴子大臣说："大王,臣有一计献与大王,可解大王之忧。"

老虎大王顿时来了兴趣,连忙询问:"快说说看!"

"我之前领大王的命令,出使花国。花国的牡丹大臣带我领略了花国的风土人情,在花国生活的普通花种们,其实生活得很不好,总是会缺水少肥。但当我问她们生活得如何时,她们回答我说,我们一不缺水,二肥料充足,在玫瑰大王的带领下,我们每天都十分幸福。"

"大王,你知道这是什么原因吗?"

老虎大王摇了摇头,表示不明白。猴子大臣继续说道:"当时我也不懂,便私下问了牡丹大臣。牡丹大臣对我说,是玫瑰大王下了命令,花国的所有花种,都必须说反话,不能说实话、真话。也就是说,那些花种对我说的实际意义是:她们缺水少肥,在玫瑰大王的带领下生活得十分痛苦。大王也可以效仿花国的制度。"

老虎大王听过后拍手叫好:"好好好,这是一个好办法,传下命令,以后所有我的子民只能说反话,不能说实话、真话。"

几年后的一天,王国来了一只异常凶猛的狮子,狮子咬死了很多小动物,老虎大王很是生气,为了保护自己的子民,老虎大王亲自上阵,与狮子展开了激烈的厮杀。最后,老虎大王获得了胜利,狮子受了很重的伤,仓皇逃窜了。

老虎大王心想:"我终于为我的子民做了一件好事,他们一定都会赞美我英勇的行为的!"

所有的大臣和子民都跪在老虎大王的面前,齐声说:"大王真是太懦弱了,大王从不为自己的子民着想,大王打败了狮子,真是一件让人厌恶的事。"

老虎大王一时间反应不过来,怎么不是赞美他的话呢?猴子大臣反应灵敏,跳到了大王的耳边:"大王,看来您的子民都不会说真话了。"

老虎大王颓丧地回到了自己的山洞。在反话王国里,每个动物说的都是真话。

写作参考示例点拨

这是一篇十分具有讽刺意味的故事,到底是该说真话,还是反话,到底是真相重要,还是隐藏真相重要,这一问题在这个王国中,被暴露无遗。

49.跟唐诗宋词学悬念手法

模仿范本

唐·金昌绪

打起黄莺儿,莫教枝上啼。

啼时惊妾梦^①,不得到辽西^②。

作者简介

金昌绪(生卒年不详),唐代诗人,现今存世仅《春怨》一诗,但为佳作,广为流传。

注释

①妾:此处指女子的自称。

②辽西:古郡名,在今辽宁省辽河以西地方。

译文

敲打树枝,赶走树上的黄莺,不让它继续在树上乱叫。

它的叫声惊醒了我的梦,害得我在梦中不能赶到辽西与亲人相见。

写作技巧妙梳理

悬念,是指在作品中的某一部分设置一个疑问或矛盾冲突,使得读者产生某种急切期待的心情的一种写作手法。在文中设置悬念,可以使得情节环环相扣,且曲折生动,同时可以激发读者的阅读兴趣,达到震撼人心的艺术效果。

悬念与伏笔不同,伏笔通常比较隐蔽,但悬念却是放在显著的地方的。伏笔通常是为了达到前后呼应、情节合理的效果,但悬念却是为了造成读者的期待心理,以求故事情节的曲折。

本诗的前三句层层设下悬念,为什么要打鸟呢?因为黄莺在啼叫。为什么不让它啼叫呢?因为它惊醒了"我"的梦。你做了什么梦要这样责怪黄莺呢?因为"我"

要在梦中与辽西的亲人相见。暗示了"我"对战争的怨恨之情。层层设置悬念,引起了读者的阅读兴趣,同时也强烈地表达出了诗人对战争的不满情绪。

写作技巧小练笔——情景小剧场

同学们,你们喜欢读一些推理类的书吗? 一般推理类的书籍都会设置很多的悬念,再一一揭开这些悬念,读起来会觉得很有趣。不如我们也来写一个类似于推理的小故事吧,一定要运用到悬念的手法哦。

写作参考示例

寻找童话书

最近,动物小镇发生了一件非常奇怪的事情,小镇里仅有的几家书店全部被洗劫一空,每个小动物家的童话书也都神秘消失了。换句话说,动物小镇里竟然连一本童话书都找不到了。

没有童话书怎么行呢? 很多小宝宝不听甜甜的童话故事,是睡不好觉的。动物小镇的镇长——大象先生意识到了事情的严重性。

"今天把大家聚集起来,就是要去寻找童话书!"大象先生甩了甩长长的鼻子,"大家都有什么看法呢?"

猴子爸爸扒了根香蕉,扔到了嘴里:"要我说,一定是有个喜欢看童话书的小巫婆,把所有的童话书都变到自己的住处了,现在没准正偷偷阅读呢! 所以,我们要找到小女巫,才能找回我们的童话书。"

猪爸爸摇摇头,两只大大的猪耳朵就像蒲扇一样摇啊摇:"我觉得,是最近天上的星星少了,童话书都偷偷地变成了一颗颗小星星,回到了夜空中。"

"童话书消失了就消失了,我认为根本就不用找。"梅花鹿妈妈说完,大家都瞪大了不敢相信的眼睛看着梅花鹿妈妈。

梅花鹿妈妈接着说:"我们让山羊爷爷再创作些童话故事就好了啊,山羊爷爷可是出了名的童话作家!他创作的童话,小孩子们都非常喜欢呢。"

大家都点了点头,表示赞同。大象先生说:"那我们快去找山羊爷爷吧!"

当大家来到山羊爷爷家的时候,却发现山羊爷爷并不在家。原来山羊爷爷旅行去了,不知道什么时候会回来。

梅花鹿妈妈这下可急坏了:"这可怎么办啊?只能去找童话书了,可是童话书在哪儿,我们也不知道啊。"梅花鹿妈妈急得哭了起来。

"我知道童话书在哪里!"牛妈妈胸有成竹地说。

梅花鹿妈妈擦擦眼泪:"在哪儿?"

"在所有爸爸妈妈的脑海里!我们每天都给小宝宝讲童话书里的故事,那些故事其实都存在我们的脑海里了。"

"对呀,对呀!我们都能记住几个童话故事。"大家开心地说。

小宝宝们又能睡得香甜了,因为又能听到甜甜的童话了,尽管有时候,有些故事、有些情节是爸爸妈妈记不清了,胡乱编造的。小宝宝也会听得很入迷,因为那甜甜的爱是不会变的。

那些书店里的童话书到底都去哪里了呢?静静听,动物小镇是不是没有风了呀。原来,是风宝宝掠走了这些童话书,正在一个隐秘的地方读着呢!

写作参考示例点拨

小故事的开篇即设置了悬念,书店的童话书到底哪儿去了?在结尾处,悬念被揭开,原来是被调皮的风娃娃掠去了。

50.跟唐诗宋词学美景衬哀情手法

模仿范本

送元二使安西①

唐·王维

渭城朝雨浥轻尘②，客舍青青柳色新③。
劝君更尽一杯酒④，西出阳关无故人⑤。

注释

①诗题一作《赠别》，后因谱入乐府，取首句二字题作《渭城曲》。又名《阳关曲》或《阳关三叠》。此诗入乐之后，成为社会上流行的歌辞，别席离筵的绝唱。元二，作者的朋友。"使"一作"赴"。安西，指唐朝所设安西都护的治所。

②渭城：即咸阳故城。朝雨：早晨的雨。浥(yì)：湿润。

③客舍：客店、旅店，指饯别的处所。青青柳色新：一作"依依杨柳春"。柳谐音"留"，古人折柳赠别，以示离情。

④尽：一作"进"。

⑤阳关：出塞的必经之地。因在玉门关南，故称阳关。古人：老朋友。

译文

渭城早晨的雨打湿了路边的尘土，雨后客舍旁的柳枝显得青翠新鲜。

劝君再饮下一杯离别的美酒，向西出了阳关便再难遇到老朋友了。

写作技巧妙梳理

美景衬哀情，即把人的喜怒哀乐投射到具体的事物上，通过美景来衬托出一种哀伤的情感，这是我国古代诗歌常用的一种写作手法。换言之，即是用衬托的手法，用美景来表达孤独凄凉的思想感情。通过美景与哀情的对比，使得情感更加悲凉。

这首诗是王维的极负盛名的送别之作。诗中写送元二出使安西，当时对由内地到西域的人，亲友们多是置酒饯别。王维将其远送到渭城，在客舍中设宴饯行。诗的头两句写明送别的地点和场所，着意描写渭城春雨的细润和垂柳的柔美，但作者通过美景衬哀情的手法，衬托出了惜别的情意。后两句写殷勤劝酒，直抒胸臆。用一个"更"字和"无故人"，把依依不舍和别后的思念之情充分地表现出来。

该诗描写的是最常见的离别，没有特殊的背景，在当时的条件下，唱出了行者和送行者所共同感受却无法道出的感情，容易引起共鸣，因而广为流传。

写作技巧小练笔——情景小剧场

同学们，美景都会带给我们快乐的情绪吗？其实，并不尽然，有些美景早已是物是人非，再看到时，倍加伤感。或许，这就是美景衬哀情吧。请写一段文字吧，写给那些早已物是人非的美景，也写给过去的自己。记得用到美景衬哀情这一手法哦。

写作参考示例

杏树下

姥姥家是有一棵大杏树的，杏树的旁边打了一口井。小时候，我经常待在姥姥家，喜欢坐在杏树下的摇椅上睡觉。夏天的时候，有风轻轻吹拂，带来了片刻清凉和杏花的芳香。等到杏子成熟了之后，我便会用一根长长的木棍摇晃下许多金黄色的大杏子。杏子落了一地，姥姥便会在树下拾起一些好的，那些被虫子蛀了的就不去管它，任由它腐烂化成养料。

我并不太爱吃杏子，姥姥会用井水一遍遍清洗杏子，吃不掉的，就送给左邻右舍。姥姥家还有一棵樱桃树，长在院子的东墙角，离杏树有些距离。樱桃比杏略早一些成熟，我是喜欢吃樱桃的。拿着一颗红似玛瑙的大樱桃，把它放进嘴里，轻轻咀嚼，再把樱桃籽吐出来。小时候的我很傻很天真，会把吃后吐出来的樱桃籽、杏籽留着，再把它们晒干。然后偷偷地种进土里，两三天浇一次水，剩下的就是漫长的等待了。第二个夏天，那些种子也没有发芽。去问姥姥，姥姥说，只有熟透了的樱桃或杏，等到秋天的时候，把它们收集起来，它们的种子才会有发芽的可能。

那时候，姥姥家还是土房子，但姥姥是一个爱干净的人，屋子里总被姥姥打扫得一尘不染。姥姥做的饭也好吃，最拿手的就是烙玉米面饼子。姥姥的玉米面饼子是甜的，姥姥会放入黄豆粉、蜂蜜，再把玉米面搅匀。就算没有菜，只吃姥姥做的饼子，我也会觉得很美味。

姥姥喜欢打麻将，闲暇的时候，会把村子里会打麻将的几个奶奶找来，就在杏树下放一张桌子，四个木头凳子。打麻将的时候，我会把姥姥提前准备好的熟瓜子、花生端上来，几位奶奶一边打着麻将，一边嗑着瓜子说着话。我是看不懂麻将的，就去村子里找同龄的小朋友玩，到了中午的时候，肚子也"咕咕"地叫了起来，就各自散去，各回各家。到家的时候，就闻到了饭菜的香味。

我在姥姥家待了四五年，那四五年间，父母去城里打工，我便被送到姥姥家，由姥姥照看。后来，父母回来，我被接回了自己的家，和姥姥家相聚五十里地的另外一个村子。我家的村子里有一个小学，我就在那个小学度过了六年的时光。每到寒暑假的时候，我仍会去姥姥家，一待就是一个多月。

我家的院子里，也有一棵杏树，不过很小很少。它还不会结果，但每一年都会长大很多。我小学毕业的时候，那棵杏树已经和姥姥家的那棵差不多高大了。小学毕业后，父母陪同我去城里上初中、高中。我又考上了更远的大学。我离农村越来越远了，姥姥越来越老了。

姥姥是在我高二那年离世的，那是我第一次感受到死亡，死亡就是它会不停地带走我的长辈，甚至有一天也会带走我。死亡，是一场不会醒来的梦。我没有痛哭，只是眼泪不停地流。后来，也去过姥姥家几次，那口水井早已不再用了，但杏树和樱桃树依旧长势良好，黄的黄、红的红，极尽美态，我却感到悲伤。

窗外下雪了，我蜷缩在沙发上，不知不觉间，陷入了梦乡。我梦到在杏树下，姥姥有说有笑地打着麻将，我在摇椅上吃着杏，再淘气地把杏籽吐到水井里。等待着姥姥早点打完，好做甜甜的玉米面饼子给我吃。

醒来，妈妈和楼上楼下的阿姨，已经打完了麻将。此刻，妈妈正在客厅收拾麻将，问我晚上吃什么，我说玉米面饼子吧。妈妈在搅拌玉米面的时候，我望着她的背影，一刹那眼角涌出泪花。杏树下的场景，一切还能回得去吗？

写作参考示例点拨

这篇散文运用了美景衬哀情的手法，通过对杏树、樱桃树的美景的描述，将杏树下的物是人非的哀伤写了出来，也表达了对姥姥的追思。

51.跟唐诗宋词学想象手法

模仿范本

唐·李贺

吴丝蜀桐张高秋②,空山凝云颓不流。

江娥啼竹素女愁③,李凭中国弹箜篌④。

昆山玉碎凤凰叫⑤,芙蓉泣露香兰笑⑥。

十二门前融冷光⑦,二十三丝动紫皇⑧。

女娲炼石补天处,石破天惊逗秋雨。

梦入神山教神妪,老鱼跳波瘦蛟舞。

吴质不眠倚桂树⑨,露脚斜飞湿寒兔⑩。

注释

①李凭:供奉宫廷的梨园弟子,擅长弹箜篌。箜篌引:乐府旧题,属《相和歌·瑟调曲》。箜篌:一种弦乐器,形状不一,李凭所弹当为竖箜篌。

②吴丝:指箜篌的弦。吴地以产制乐器的丝著名。蜀桐:指箜篌的躯干。蜀地桐木亦宜制作乐器。张:弦乐器紧起弦以备弹奏曰"张"。高秋:暮秋,深秋。

③江娥:一作"湘娥",指传说中溺死湘江后化为水神的舜之二妃娥皇、女英。啼竹:传说中舜死于苍梧之野,二妃追至洞庭,闻此,向南痛哭,泪洒竹上,斑痕点点,称湘妃竹。素女:传说中的霜神。

④中国:中,指都城长安。国,指京城。

⑤昆山:即昆仑山,相传为著名的宝玉产地。玉碎凤凰叫:形容音乐的清脆激越。

⑥芙蓉泣露:形容音乐的幽咽悲凄。芙蓉,荷花别名。香兰笑:芳香的兰花开放,形容音乐的欢快明丽。

⑦十二门:唐代长安东西南北各三门,共十二门。融冷光:消融了冷气寒光。

⑧二十三丝:二十三弦。动:感动。

⑨**吴质**：即吴刚，字质。

⑩**露脚斜飞**：古人误以为露也像雨一样降临大地，故有"露脚斜飞"之想。寒兔：指月亮中的玉兔。

译文

暮秋的夜晚，弹奏起吴丝蜀桐制成的箜篌。听到美妙的弦乐，空中的白云凝聚起来不再游动。湘娥泪滴洒满斑竹，九天素女也牵动了满腔忧愁。这是由于乐工李凭在都城弹奏箜篌。乐声清脆动听得就像昆仑山美玉击碎，凤凰鸣叫；使芙蓉在露水中哭泣，使香兰开怀欢笑。清脆的乐声，消融了长安城十二门前的清冷光气。二十三根弦丝高弹轻拨，感动了天帝。弦乐直冲云霄，冲上女娲炼石补过的天际，好似补天的五彩石被击破，引落了漫天绵绵秋雨。幻觉中仿佛乐工进入了神山，把技艺向女仙传授；老鱼兴奋地在波中跳跃，瘦蛟也翩翩起舞。月宫中吴刚被弦乐吸引，彻夜不眠在桂树下逗留。桂树下的兔子也伫立聆听，不顾露珠斜飞有多寒。

写作技巧妙梳理

想象，是在人的脑海里对已储存的表象进行二次加工，以形成新形象的心理过程。联想与想象不同，联想是想象的基础，是想象的开端。想象是在联想的基础上二次创造。想象可以突破时间和空间上的束缚。

这是一首描写音乐的诗，主要是为了赞美李凭的弹奏技艺。诗开篇先写箜篌制作之精良，借以衬托李凭演技之高超。接着以自然事物与传说中的江娥、素女的反应，烘托箜篌曲调的超凡入圣，而在三句未让人物出场的"空镜头"之后，才以赋笔点逗出演奏者与演奏地点。五、六两句正面写乐声，或以声拟声，或以表情喻声情，各具特色。七句以下，均为写音响效果。作者驰骋想象，由人寰写到仙府，意象联翩而至，新奇瑰丽，令人目不暇接，而音响效果被渲染得淋漓尽致。此诗最大的特点是想象奇幻，多用比喻和夸张，充满浪漫主义色彩。此诗语言奇险，色彩秾丽。

写作技巧小练笔——情景小剧场

同学们，你们善于想象吗？会抬头长久地望着天空中的云朵，然后将其想象成不同的形状吗？现实的世界中，允许我们想象，这是一件幸福的事情。请你大胆构思,尽情想象,写一段奇妙的文字吧!

🔲 写作参考示例 🔲

夜吃

夜是一个贪吃的孩子,不过白天的时候,你可见不到他。因为夜不喜欢太阳,白天就用来睡大觉,当太阳落了山,夜便准备行动了。

"哎呀,好饿啊,我要吃个够!"夜拍拍肚皮,对自己说。

夜这个孩子长什么样子呢?谁都没有见过他,夜可不是黑咕隆咚的,黑咕隆咚的是夜的肚子,那时候我们都被夜吃进肚子里去了!但可以确定的是,夜的体型很大,长得也非常高,因为夜能吃得下高山,也能吃得下大海。

夜就是这么贪吃,不过每一次,夜都吃得太多了,肚子圆滚滚的,就像一个大皮球。

"哎哟,又吃多了,好撑呀!"夜又拍拍肚子,对自己说。

吃撑的感觉可不舒服,于是夜又将一些东西吐了出来。夜吐出了一座山、一条河、一片田地。等到太阳从东面升起的时候,夜便将一切都吐了出来。然后,又躲在大家找不到的地方,睡大觉去了。

夜这个孩子就这样,很贪吃,吃撑了又得吐出来。尽管你不想被夜吃掉,但是你却找不到任何好的办法。跑?跑肯定不行,因为夜那么大,你跑不掉。躲起来?躲到哪里,哪里都会被夜吃到肚子里。

那怎么办呢?除非,你早早地、乖乖地躺在床上睡觉。当你睡熟了,才不用管夜有没有吃掉你呢!当你一觉醒来,会发现,天已经亮了,夜早就消失不见了!

🔲 写作参考示例点拨 🔲

这是一篇很有趣的小故事,作者大胆想象,将夜晚想象成一个贪吃的孩子。构思巧妙,故事也很吸引读者。

52.跟唐诗宋词学描写手法

模仿范本

漫成一首①

唐·杜甫

江月去人只数尺,风灯照夜欲三更②。

沙头宿鹭联拳静③,船尾跳鱼拨剌鸣④。

注释

①漫成:随意写成。

②风灯:防风的灯。

③联拳:屈曲貌。

④拨剌(là):象声词,此处指鱼跳跃的声音。

译文

江水中的月影离我只有数尺远,船上防风的灯照亮着夜空,马上就要到三更天了。

栖息在沙滩上的白鹭屈曲着身子睡着,突然船尾方向传来鱼跳跃的声音。

写作技巧妙梳理

　　描写,此处指表达方式。在写作技巧中,包括表现手法和表达方式等。表达方式可分为五种,即描写、议论、抒情、叙述和说明。描写即是用生动形象的语言对人物、事件、环境的具体刻画和描绘,包括心理描写、动作描写、语言描写、外貌描写、细节描写、神态描写等。一般还可分为人物描写和景物描写。描写若能表达恰当,则会显得文章生动形象,让读者有身临其境之感,有很强的艺术感染效果。

　　这是杜甫的一首写景诗,全文运用描写的表达方式,让读者欣赏到了江面上鱼跳跃的夜泊江边之景。第一句写月色,第二句写防风的灯,第三句写到白鹭,体现出环境的幽静,第四句写鱼在江面跳跃,以动衬静,更体现出了江边的阒静。全诗借景抒情,表达了对大自然的向往之情。

写作技巧小练笔——情景小剧场

亲爱的同学们,你们喜欢大自然吗?你们是否对自然界中的一些现象了如指掌呢?请写一段关于大自然的文字吧,记得要用描写这种表达方式哦!

写作参考示例

露水的旅行

那是一片绿油油的草地,当第一缕晨光照射在大地上,一滴露水正缓缓从叶子上滑落。

叶子不舍地说:"你要走了吗?"

"是啊,我要进入到土地里睡觉去了。"

露水脱离了叶子,正往土地里坠落。一阵风吹来,被风吹起的蒲公英刚好接住了露水。借助风力,蒲公英越飞越高,越飞越远。

在空中,露水看到了之前从未看到的景象。露水看到了一座座连绵不断的山,看到了一条条河,看到村落和村落上的炊烟。

露水觉得太美妙了,忍不住大喊:"真是太美了!"

蒲公英听到了,笑呵呵地说:"蒲公英可是总能看到这些美景的。"

"真羡慕你,露水可不会飞。"

露水和蒲公英就这样在空中飞啊飞,他们飞过一片田地,田地里的人们都在低着头忙作。一个小男孩看到了空中的蒲公英,抬头仰望着蒲公英飞舞的方向。

他们飞过了一座悬崖,看到悬崖处长着一朵花。孤零零的,但开得很繁茂。

蒲公英说:"你看那朵花的生命力多么顽强啊!"

露水想到了什么,说话的声音都有些颤抖了:"那朵花上的露水可真倒霉,这要是滑落下来,不就是要摔到谷底了吗?"

"露水又不知道疼。"蒲公英随口说。

露水表示抗议："露水也知道疼的,所有的事物都知道疼!"

在他们俩争吵的时候,风停了,蒲公英失去了风的借力,慢慢往地下落。露水却越飞越高。他们互相挥手表示再见。

露水一直飞到云朵上,才停了下来。云朵软绵绵的,可舒服了。露水发现云朵上也有许多小水滴。

露水有些激动,差点跳了起来："你们也是露水吗?"

那些小水滴齐声说："不,我们是小雨滴。"

露水往地上看看,顿时吓了一跳,这里也太高了。那些山啊,简直就像蚂蚁一样小了。露水忍不住又看了一会儿。

小雨滴们再次齐声说："别看了,我们要下去了!"

露水还没反应过来,就和小雨滴们一起往下落,原来是下雨了。

露水一直往下落,直到落在一片叶子上,才停了下来。

"你旅行回来了啊?"那片熟悉的叶子开心地说。

"呀! 我又回来了。嗯,我的旅行结束了。"露水笑出了声。

雨停了,阳光明媚。一阵风吹来,露水缓缓地往下滑落,直到落在土地里。我们都知道,露水要去睡觉了。

写作参考示例点拨

本文运用了描写的表达方式,通过语言描写、环境描写以及动作描写等,将自然界的有趣现象,通过小故事的方式表达出来。露水的旅行,题目引人入胜,又紧紧扣题。

53.跟唐诗宋词学议论手法

模仿范本

菊花

唐·元稹

秋丛绕舍似陶家^①,遍绕篱边日渐斜^②。

不是花中偏爱菊^③,此花开尽更无花。

作者简介

元稹(779—831),字微之,唐代著名诗人。早年家贫,贞元中进士,任监察御史,因同宦官斗争遭到贬斥,后任工部侍郎。穆宗时一度当过宰相,出为同州刺史。死于武昌节度使任上。和白居易友善,一同提倡新乐府运动,也写了许多乐府体的讽喻诗,世称"元白",但成就不如白居易。所作传奇《莺莺传》为著名戏曲《西厢记》的前身。著有《元氏长庆集》。

注释

①秋丛:秋天一丛丛的菊花。绕:围绕。舍:房舍。似:像。陶家:指东晋著名文学家陶渊明。陶甚爱菊花。

②遍:极言其多,一遍遍。渐:渐渐。斜:倾斜,指日落西山。

③偏:偏心。

译文

秋天,一丛丛的菊花绕着房屋开放,使人感觉好像到了最爱菊花的陶渊明家里。我绕遍竹篱赏菊,不知不觉已是日光西斜了。

不是无数的花中只喜爱菊花,而是因为菊花在这霜天开败之后,再也欣赏不到其他的鲜花了。

写作技巧妙梳理

议论,此处指表达方式。议论就是作者对某个议论的对象阐述自己的见解,以表明自己的观点和态度。往往通过讲事实、说道理等方式来发表自己的看法,带有较强的主观性。用议论作为表达方式，可使得文章深刻，具有很强的哲理性。

在元稹的这一首诗中，诗人即运用了议论的表达方式，表达出了一定的哲理。万花丛中，菊花以其坚强著称，因为它傲霜独妍，生命顽强。诗的后两句，点出喜爱菊花的原因，以及对菊花历尽风霜而后凋的品格的赞美。

写作技巧小练笔——情景小剧场

同学们，你们觉得爱是什么呢？爱能摸得到看得清吗？似乎是不能的，但这个世界是有爱的，这我们是知道的。那么请构思一下，如果爱可以丈量，你们觉得爱的距离是多远才比较好呢？请用议论的表达方式来写一段文字吧，来表明你们自身的看法。

写作参考示例

如果爱可以丈量

爱是一种情感，情感不是物体，不能被直观地看到和触摸。爱往往很隐晦，就算很认真，也不一定会读懂、看明。爱是人活下去的勇气和力量，爱是这个世界不可或缺的一部分。如同空气，谁也离不开它，但谁也抓不到。可是如果爱可以丈量，你希望这爱有多长呢？

如果是我，我希望丈量后的结果是一米。爱若有一米长，就足够了。爱若太长，则是一种牵绊，爱若过短，那爱就失去了该有的炽热。不长不短，保持一米的距离，彼此安好。

这一米的爱可以是母爱、父爱。母爱柔软，父爱严苛。被父母的爱灌溉，一天天地茁壮成长。到了一定的年纪，孩子就有了自己的小秘密。爱要开始保持距离，给孩子空间和尊重。当孩子已经长大，需要远行，无须过分地担忧，不必事事上心，用一米的爱给予祝福。

当孩子变成了大人，有了自己的家庭，这一米的爱便更加必要。那时父母已经苍老，岁月压弯了父亲的腰，皱纹爬上了母亲的脸。父母那染了又白的头发，都在悄悄告诉他们:可以放手了,用一米的距离去观望就好。爱若恰到好处,即是慈悲。

这一米的爱同样适用于爱情。提及爱情,可能会觉得一米的爱不够长,十米、一百米的爱都不嫌多。但其实一米的爱就足够了。因为爱情走到最后,会慢慢转变成亲情。爱情的本身并不是浪漫,而是长长久久的平淡的相伴。一米的爱,即是我心中有你,你心中有我,彼此放心。不过分亲密,也不过于冷淡。不会日日说爱你,但会日日心生惦念。偶尔会争吵,会冷战,也会求和,会和好如初。

有人曾说,这世间有多少种花就有多少种爱。爱可以是对亲人,也可以是对陌生人。爱让这个世间充满了温情,但爱不能过满,溺爱并不是正确的爱。我喜欢看恋人秀恩爱,那是很美很甜的画面。我喜欢看老夫老妻的吵架,我觉得也很温馨和甜蜜。

要学会去爱,爱他人,也爱自己。就算满是伤痕,也要有义无反顾的爱的决心。我们本不完整,爱使我们完整。爱是光,是清晨的第一滴露水,是一声呼唤。爱不是实体,但爱恰恰会从实体中体现出来。自小身体羸弱的我,喝了很多服中药,那药渣不就是母亲对我的爱吗?

没有空气,我们就不能呼吸,没有爱,我们就不能生活。当然,爱也有其不好的一面,带给人恨和绝望。没有爱就没有恨,有时恨却是因为太爱。所以要理智地爱,最好是一米的爱。

可是没有如果,现实中的爱不能被丈量。不知道那是多长的爱,需要去猜测,往往会猜错。你如果爱他,最好不要让他去猜测这爱有多长。我们不善于猜测,也不善于表达,爱才显得晦涩。其实,爱多么简单明了,一个眼神就足够了,那个眼神的距离可能只有一米长吧。

写作参考示例点拨

本文作者采用议论的表达方式,清晰鲜明地表达出了自己的看法,即爱若能丈量,最好的距离是一米。作者通过大量的议论语句,通过讲道理的方式,将自己的观点娓娓道来,使得本文更具哲理性。

54.跟唐诗宋词学记叙手法

模仿范本

题破山寺后禅院①

唐·常建

清晨入古寺，初日照高林②。
曲径通幽处，禅房花木深。
山光悦鸟性③，潭影空人心④。
万籁此俱寂⑤，但余钟磬音⑥。

作者简介

常建(生卒年、字号均不详)唐代诗人。常建一生沉沦失意，耿介自守，不和名利场通声气，交游中无达官贵人。其诗意境清迥，语言洗练而自然，艺术上有独特的造诣。但诗的题材比较狭窄，虽也有一些优秀的边塞诗，但绝大部分是描写田园风光、山林逸趣的。在盛唐诗派中曾有王、孟、储、常之称。

注释

①破山寺：即兴福寺，在今江苏常熟县西北虞山上。禅院，指寺院。

②初日：初升的太阳，与上句"清晨"照应。

③山光：山林的风光景色。悦：喜欢，这里用作动词。

④潭影：这里指山光倒映在空明澄澈的潭中。

⑤俱：又作"都"。

⑥钟磬(qìng)：两种乐器。这里指寺院中报时拜佛的两种用具。

译文

清晨我走进这古老的寺院，初升的太阳照映着树林。弯曲的小路通往幽深僻静之处，僧房前后花木繁茂。

山光使鸟怡然自得，潭影使人忘却一切心中杂念。此时此刻万物都沉寂，只留下敲钟击磬的声音。

写作技巧妙梳理

记叙，即叙述，此处指表达方式。记叙是写作中最基本、最常见的一种表达方式,通过对人物的经历和事件的发展变化过程,以及场景、空间的转换所做的叙述。

本诗记叙了清晨游兴福寺后禅院的观感,是盛唐山水诗中的名篇。构思新颖,表达了作者寄情山水的隐逸胸怀。

写作技巧小练笔——情景小剧场

同学们,作为一个学生,我们都有各自的同桌,朝夕相伴,你们有没有成为好朋友呢? 不如来写一段关于同桌的文字,记得要用记叙这一表达方式哦!

写作参考示例

我与你,同桌一场

沈柯正在聚精会神地看着一本玄幻小说,不时露出些许的神秘笑容。当小说中的高潮部分结束,沈柯才推了推眼镜,看了看讲台。讲台上的数学王老师,穿了件蓝色的宽大半截袖,但仍然无法掩饰他人到中年的"将军肚"。黑板上已经罗列出了密密麻麻的方程式,王老师也是讲得口沫四溅。沈柯坐在最后一排,心想:"还好坐到最后一排,真是可怜了前排的同学。"

沈柯又低下了头,打算把小说的尾声看完。突然,沈柯有了一种如芒刺背的感觉,到底是谁? 沈柯用余光偷瞄了下后门,后门的窗户处是班主任李老师严峻的脸和毒辣的注视,沈柯告诉自己不要慌。沈柯轻轻地合上小说,然后抬头假装在听课,在把小说放进桌堂的同时,用另一只手迅速拿起笔,在练习本上胡乱地写下了几个方程式。过了一分钟,沈柯又用余光瞄了瞄,发现班主任已经走了。沈柯深深呼出一口气,喃喃自语:"真是虚惊一场啊……吓死了,要是被逮到,又免不了是两千字的书面检讨。"

沈柯自认为是嘻哈三中最富才华的存在,且附带超高颜值。嘻哈三中的学生对沈柯的才华自然是极其佩服的,毕竟沈柯在初一的时候,就开始在全国知名报纸上发表作品,又多次获得国家级作文大赛一等奖。可是对于沈柯自认为的高颜值,同学们却是不买账,尤其是沈柯的同桌落小乙,就无数次说沈柯是"自恋狂""学渣""万人烦"等十分具有贬义性的绰号。沈柯每次听到,也不生气,因为沈柯早就习惯了落小乙的次次针对。

沈柯确实是实打实的"学渣",什么数学课、物理课和化学课,对于沈柯来说就是一场场灾难,说是鸭子听雷也不为过。这自然成了落小乙嘲笑他的地方。可是,在语文课上,沈柯简直出口成章,诗句那就是信手拈来。甚至很多同学说,他知道的比语文老师还多。落小乙身为全班"学神"的存在，每一科基本上都是全班第一名，不过语文永远是排在第二，因为第一的位置永远是同桌沈柯的。

"'自恋狂'，咱俩同桌一场，你教教我怎么能快速提高语文成绩呗？"落小乙用胳膊肘杵了杵沈柯。

沈柯合上了厚厚的一本书，书的封面印有两个大字——《论语》。沈柯看着落小乙求知的目光，说："快速提高语文成绩啊，当然有办法，白日做梦就可以了，哈哈哈。"

落小乙有点生气，嘟着嘴："你别笑了，我认真的，你快帮帮我。"

沈柯也认真了起来，停止了狂笑："学习语文是一个较为缓慢的过程，首先就要多读书。"沈柯把自己手里的《论语》向落小乙挥了挥，继续说道，"看到了吗？要多读经典，多多学习中华优秀传统文化。"

落小乙这时不忘讽刺道："哟哟，昨天被班主任没收玄幻小说的同学是谁啦！"

沈柯有点不好意思，挠了挠头："适当看看通俗小说、玄幻小说啥的也挺好，哈哈哈。"

几天后，班里转来了一位新的男同学，白皙的皮肤，纤细的手指，高高瘦瘦的又十分寡语。简直就是从言情小说里走出来的男主，这是班里全体女同学对这位新同学的公认评价，自然也包括落小乙。

落小乙对沈柯说："'学渣'，你看看人家，那才是超高颜值！"沈柯早就注意到了这位新同学，在心里也暗自赞叹，这世间竟有如此帅气逼人的男子！但沈柯仍一脸平静地对落小乙说："也就长得一般般吧。而且落小乙，你跟我同桌快两年了，谁说的'近朱者赤'了，你怎么还是如此肤浅呢！"落小乙切了一声显然是不同意沈柯的话，沈柯继续说："而且你要知道，这世间有很多美丽的面孔，但这些面孔的背后不一定都有一个美丽的灵魂。"

落小乙笑着说："说得还挺有道理，这句话是你自己想出来的？"

沈柯帅不过三秒，悻悻地说："当然……不是我了，是一个叫作余秀华的诗人说的。"

落小乙敷衍地说："好好好，你一直是咱班的'班草'，至少我是这么想的，相信我。"

"信你个鬼！"沈柯又低下头，翻起了手里的《雪莱诗集》。

终于快放学了，最后一节是班主任的课。快要下课的时候，班主任在黑板上写下了"致同桌的一封信"，下面的同学开始窃窃私语起来，班主任说："大家安静，这是今天留给大家的家庭作业。想想自己有什么想对同桌说的话,将其转化成文字写下来吧!"落小乙对沈柯小声地说:"'万人烦',可不要吝惜你的赞美之词哦,尽可能地赞美我吧。"

"不可能,不存在,不现实。"沈柯一字一字地说。

回到家,吃过晚饭。沈柯还是立刻坐在了书桌旁,拿出了纸和笔,开始写家庭作业。沈柯觉得虽然落小乙处处针对自己,但却并无恶意;虽然经常给自己起绰号,自己不也经常叫落小乙为"傻小乙"吗?虽然落小乙傻傻的,但有的时候也挺可爱的。

《我与你,同桌一场》。这是沈柯想了很久写下的题目。

写作参考示例点拨

这篇文章生动有趣,读来让人忍俊不禁。作者用记叙的表达方式展开,文字幽默,情感真挚。

55.跟唐诗宋词学抒情手法

模仿范本

唐·陈子昂

前不见古人①，后不见来者②。

念天地之悠悠③，独怆然而涕下④！

作者简介

陈子昂（661—702），字伯玉，唐代诗人。由于他不怕触犯权贵，多次上书最高统治者，直言不讳地力陈时弊，因此得罪了权贵，最后遭人诬陷，死于狱中。他是唐代第一个从创作理论上反对齐梁华靡诗风，主张发扬汉魏风骨的杰出诗人，并通过大量的诗文创作，革新一代诗文之风，在唐代灿烂的诗歌史上，有着不可磨灭的功劳。其《感遇诗》三十八首和《登幽州台歌》等，都直抒胸臆，内容充实，风格高超沉郁。有《陈子昂集》。

注释

①古人：指已经过去了的古代著名贤君。

②来者：指随后而来的贤君。

③念：考虑到，想到。天地：指古往今来的历史，无穷无尽的宇宙。悠悠：悠久，漫长，无穷无尽。

④怆（chuàng）然：悲伤，凄怆。涕下：涕泪交流。

译文

已经过去了的故圣人，我见不到了，还未到来的贤君我也等不着。想到古往今来的历史悠久漫长，独自悲伤地涕泪交流。

写作技巧妙梳理

抒情，此处指表达方式。与叙事相对，具有主观性和诗意化等特征，来抒发和表现作者的感情，或象征性地表现出个人内心深处的情感活动。抒情主要是为了反映在社会生活中的精神层面,达到心灵的自由、情感的尽情抒发。抒情的这种表达方式,是抒情文体中的主要表达方式,在一般的作品中,也通常将抒情作为一种重要的表达手段。

《登幽州台歌》一诗,诗人通过运用抒情的表达方式,直抒胸臆,深刻地表达出了诗人怀才不遇、寂寞无聊的情绪,语言苍劲奔放,富有感染力,成为历来传诵的名篇。本篇以慷慨悲凉的调子,表现了诗人失意的心境和苦闷的情怀。这种悲哀常常为旧社会许多怀才不遇的人士所共有,因而获得广泛的共鸣。

写作技巧小练笔——情景小剧场

亲爱的同学们,你们正是翩翩少年,但有些人已是皓首苍颜,而我们一同拥有的是童年。童年可以很美好,也可能充满了疼痛。请用饱满的情感,通过抒情的表达方式,来写一段关于儿时时光的文字吧!

写作参考示例

童年,让我疼的名字

提及童年,便有说不上的滋味涌上心头,是难过、还是欢喜?总归是五味杂陈,在记忆的长河里,需要我慢慢地体味。只是隐隐作痛的心口,告诉我:童年,让我疼的名字。

童年是一个院子,院子里有果树、菜苗,还有一口井。在两间砖房旁,还要有一个小小的狗窝,有一条叫作"黑子"的狗,看家护院。

猪圈里养着两头白胖白胖的猪崽,母亲细心喂养,等到了年关,两头猪各有两三百斤重的时候,就该杀掉了。一头猪自己家留着吃,另一头猪拿来卖。

下蛋的母鸡和大鹅,可以逃过一劫。如果经常下蛋的话,母亲是不舍得杀了吃肉的。若是家里来了客人需要款待,也只是会杀掉不下蛋的鸡鸭鹅。记得家里有一只老母鸡,已经活五六个年头了,每天还会下一个鸡蛋。小时候,我体弱多病。有一次,生了一场大病,母亲便把老母鸡杀了,熬了浓浓的鸡汤喂我喝了下去。

童年是一服服中药。自小身体羸弱,常常生病,中药喝了一服又一服,家里总是飘着中药的味道。中药很苦,喝着喝着也就不苦了,生病很疼,疼着疼着也就忘了疼。苦了的是我的父母,疼着的也依旧是他们。

我慢慢长大,身体渐渐好了许多,不再喝中药了。母亲把那个熬中药的砂锅用布裹了起来,埋到了地里。母亲还用力地踩了几脚上面的浮土。母亲说,把砂锅埋到地里,以后你就不会再生病了。不知是迷信,还是母亲的盼望。自那以后,我真的不曾喝过中药了。

童年是站在村口的遥望。我身体好转的第二年,父母决定去城里打工挣钱,便把我交由爷爷奶奶照看。那时,我在村东头的小学上一年级。放学回到家的时候,屋门紧锁着,奶奶站在院子里,牵着我的手,来到了爷爷奶奶家。

这是第一次离开父母,我太想念他们了,就每天站在村口的大树下,遥望着,期望看到父母那熟悉的身影。一盼就盼了两年。我上三年级的时候,父母才从城里回来。

童年是放牛的美好时光。父母挣了些钱,不打算再去城里打工了,就买了几头牛,种了几亩地。那是我最快乐的时光,因为可以一家人相伴在一起,这就是幸福。

没事的时候,喜欢和父亲一起去山上放牛。躺在草地上睡大觉,牛不会走远,夏日的宁静和树荫带来的清凉,是让人神往的。听着林子中的鸟在叫,虽然辨别不出是哪种鸟,但觉得那叫声就是动听的歌唱。当日头落了山,就回家去。母亲早已做好了香喷喷的饭菜。

童年是回不去的过往。小学毕业后,我就去了县城上初中,父母也把牛都卖了,到城里陪读。母亲找了一份工作,工资不高,但足够我的生活费用。父亲去了更远的地方打工挣钱,一家人相聚在一起的日子又少了起来。

现在,我们在城里买了房,一家人再也不分开了。不必为了钱发愁,都健健康康的,我再次感受到莫大的幸福。

只是一提及童年,还是会隐隐作痛,想起来小时候的很多伤心事。回忆的本身就是让人疼痛的。如果说我们的一生是一棵树,那童年就是树根,它需要吸收水分和营养。我的童年到底是怎样的呢? 它充满了思念的眺望、浓浓的药香,以及父母的疼爱。

童年,让我疼的名字,但这份疼中,疼爱远远大于疼痛。

写作参考示例点拨

作者通过抒情的表达方式,直抒胸臆,表达出了对童年的思念、眷恋和疼爱。文章充实饱满,情感真挚动人。